金川顕教
Akinori Kanagawa

公認会計士が教える「資産づくり」を勝ち抜くための11の戦略

ポプラ新書
258

まえがき

みなさんもご存じだとは思いますが、現代の日本は、人生１００年時代と言われています。１９６０年には男性65歳、女性70歳だった日本人の平均寿命も、２０２２年には男性81歳、女性87歳と、まだまだ延び続けています。

昭和の時代は、義務教育を受けて、高校や大学を卒業して就職し、60歳で引退をして、５年か10年、長くて20年で寿命を迎えていました。しかし、今は、定年の年齢もどんどん引き上がってきていますし、65歳や70歳で引退をした後も、20年、30年と老後が続きます。

以前は、公的年金、企業年金、個人の貯蓄、この３つで引退後の10年間程度は、生き延びることができましたが、僕たちが老後を迎えた時、20年、30年と長い老後の生活費に困らないかは、甚だ疑問です。

さらには、２０１９年の金融庁の報告では、老後には２０００万円の資金が必要だと発表されて話題になりました。そして、退職金も、公的年金の金額も、だんだん下がっています。将来、65歳で引退をして、年金と貯蓄と退職金で、余生を過ごそうとｓｗ思っていても、１００歳まで年金で生活を送ることはもはや不可能と言ってもよいでしょう。

僕の試算によれば、22歳から65歳まで43年間働いている間に、年収の25%は貯蓄をしないと、十分な老後は迎えられないことが分かっています。

そこで重要となるのは、65歳以降も満足のいく人生が送れるように、今のうちに準備をしておくことです。

もちろん、副業もその中の選択肢の１つです。今後、何か１つでもいいので、会社とは別に収入がある人とない人では、生活の質が大きく変わってくることは間違いありません。自分が好きなこと、情熱があること、社会の役に立つこと、何かしら別のキャッシュポイントを準備することが大切です。

終身雇用の神話はすでに崩れていますが、これからの時代、新卒で就職すれば、定年まで一生安泰ということもあり得ません。どんな企業でも、リストラの可能性も、倒産する可能性もあります。

さらに今後は、ＡＩ恐慌と言われる、リーマン・ショックや、コロナによる経済不況よりも激しい恐慌が襲ってくるでしょう。

パソコンに入力したり、計算系の事務の仕事は、完全にＡＩの得意分野ですから、どんどん人間の仕事を奪っていき、ホワイトカラーの仕事の半分がなくなるとも言われています。

さらに、２０１９年からのコロナ禍で、ビジネス界でもパラダイムシフトが起こりました。飲食業、アパレル&百貨店、鉄道会社、インバウンド業界など、さまざまな業界が苦境に立たされ、新しい仕事の仕方を模索しています。

世界一偉大なセールスパーソンと呼ばれたＩＢＭの創業者であるトーマス・

ワトソンは、「ビジネスはゲームだ。遊び方を知っていたら、世界最高のゲームである」と言っていました。

つまりこの、「遊び方を知っていたら」というのは、成功する人や一流の人は、遊び方、つまりルールを知っているということです。ゲームにはルールがあります。

RPGゲームも、アクションゲームも、アドベンチャーゲームも、ルールのないゲームはありません。

そしてまさに今、その「ルール」が変わろうとしているのです。そんな時代を生き抜くためには、絶対的な力が必要です。

それはどんな力なのか？

それを僕なりに考えたのがこの本で紹介している11個の「ルール＝力」です。

まず1つ目に必要なのは、長期的な視点で先を見通すための「先見力」。

2つ目は、他人の言うことをそのまま信じるのではなく自分自身の頭で考えることのできる「思考力」。

さらにそれを人に伝えるための「表現力」が3つ目にきます。この力はさらに、自分の中にインプットしたさまざまな情報を自身の中で咀嚼してアウトプットする力にも通じてきます。

そして4つ目は「読書力」です。インターネットやSNSなどからの情報入手ももちろん重要ですが、やはり深く思考された考え方や、そこから派生する情報を得るには、書籍からが一番です。

5つ目は「数字力」です。ビジネスの世界ではもちろんですが、例えば老後の資金を考えるのにも数字はついてまわります。曖昧な情報に振り回されないためにも数字を読み説く力は必須です。

さらに6つ目は「当事者力」です。何事も自分事にして考える。この癖を付けておくと、世の中の小さな変化に気付くことができたり、自分と関係する周囲の人とのコミュニケーションがうまくいくようになります。

7つ目は「応援力」です。これは、6つ目の「当事者力」があることが前提ですが、この力によって仲間を作ることができるようになり、1人ではできなかったことができるようになります。

ビジネスでもそれ以外の世界でも自分の世界がどんどん広がっていきます。これは10個目の「チーム力」にも関係してきます。

8つ目は「習慣力」です。僕がよく話すことに1万時間の法則という話があるのですが、何事も習慣にしないと自分の力にはならないというのがこの「習慣力」です。

9つ目は「決断力」ですが、これは、ビジネスでも何事においても決断が必要なタイミングというものがあり、そのタイミングを見極め、きちんと正しい決断をすることの大切さを言っています。

最後の10個目は「チーム力」で、先の7つ目の「応援力」でもちらりと触れましたが、1人よりチームで動くと大きなことが達成できます。そのためのチームをどう組んで動かしていくか？　ここではそれについてお話ししています。

そして今回、書籍から新書に改訂するにあたって、「投資力」という力を加筆しました。

人生１００年時代をどう生き抜くか？

ＡＩ時代をどう生き抜くか？

平均寿命が延び、ＡＩ時代が進み、さらにコロナ禍により、今後の世界は、ますます予測不能となっています。

しかし、そういう世の中でも、これから紹介する11個の力があれば、必ず生き延びることができると僕は強く確信しています。

ぜひこの10＋１の戦略を身に付けることによって、今後の世の中をあなたもぜひ力強く生き抜いてください。

公認会計士が教える
「資産づくり」を勝ち抜くための11の戦略／目次

第1章 【先見力】過去から「未来」を予測しよう

第2章 【思考力】人の頭ではなく「自分の頭」で考えよう 81

第3章 【表現力】思考やアイディアは「アウトプット」しよう

第6章

【当事者力】何事も他人事ではなく「自分事」として考えよう 167

序章

【投資力】お金は稼いで貯めて増やす

人生100年時代、老後資金は年金や貯蓄だけでは足りない

２０１９年、金融庁の「老後２０００万円問題」という言葉が世間を賑わせました。年金受給額が減額されたり、物価も上昇している中で、人生１００年時代の老後資金を確保することは、大きな課題となっています。

しかし、頑張って貯蓄をしたとしても、この低金利時代にお金が増えることはありません。仮に２０００万円を貯めることができたとしても、老後の物価がさらに高騰していた場合は、現在の１０００万円程度の価値しかない可能性もあります。

そこで必要なのが「投資力」です。

投資というと「ギャンブル」というイメージを持つ人もいます。確かに億単位のお金を動かしていたり、一瞬で何千万円を失ったという人の話も聞きます。

しかし、僕の言う「投資力」とはギャンブルではありません。投資初心者でも確実に再現ができる力です。

現在アメリカ人の約60％、中国人の約75％が投資をしているというデータもあります。そのデータによれば、何もしていないという日本人は60％にものぼっていました。

日本人は投資というと、毛嫌いする人が多いですが、投資はもはやギャンブルではなく、世界のスタンダードであるという意識をまず持つようにしてください。

物価が上がっている＝円の価値が下がっている

ここ数年、さまざまなものの値段が上がっています。

電気料金の値上げや、水道料金の値上げ、スーパーの食料品や飲食店のメニューでも、何でもかんでも値段が上がっています。「物価が高くなって生活も大変だ」と思っている人も多いでしょう。

しかし、ここでインフレーション＝円の価値が下がっているということを自覚している人はどれくらいいるでしょうか？

海外旅行に行けば、円安というのは自覚できますが、国内で円の価値が下がっていることまで、あまり認識している人はいないかもしれません。1000円のものが1500円になるということは、その分だけ円の価値が下がっているということです。

たとえ物価が5％上がっても、給料が5％上がったり、銀行の利息が5％上がれば問題はありません。しかし給料は横ばい、利息も期待できないとなれば、自分でこの5％を解消しなければいけません。つまり、生活費を5％分落とすか資産運用で5％分増やすかしかないのです。

国が推進する「新NISA」を活用する

最近、テレビCMやWEB、書籍や雑誌などで「新NISA」という文字を目にする機会が増えてきた人も多いでしょう。

　そもそもＮＩＳＡとは、国が行っている「少額投資非課税制度」のことです。本来、株式や投資信託などに投資した場合、売却して得られた利益や配当金には20％の税金がかかります。

　しかし「ＮＩＳＡ口座（非課税口座）」であれば、一定額の範囲内で購入した金融商品の利益に対しては税金がかかりません。

　これまでのＮＩＳＡには、年間非課税枠や非課税保有期間に限度が設けられていましたが、２０２４年から始まった「新ＮＩＳＡ」では、非課税保有期間が無期限となり、非課税保有限度額も最大１８００万円になりました。

　これは「お金を増やさないとヤバイ」という国からのメッセージであると思っています。

　日経平均株価が史上最高値を更新しましたが、円相場は下がる一方です。２０２２年には32年ぶりの円安水準となり、１ドル１５０円台に値下がりし、円安に歯止めがかかりません。

つまり、国の考え方はこういうことです。

「円の価値が下がっているので、今の円を使ってお金を増やしてください。金利も下がっているので、貯金をしても増えません。これまでのＮＩＳＡで老後２０００万円問題はクリアできると思っていました。しかし退職金も給料も上がらず、物価高も止まらず、円も成長しないので、新ＮＩＳＡという制度を作ります。１８００万円は、あなたの努力なので非課税にします。だから自分で年金を作ってください」。

ですから20～30年後に、お金に困らない老後を迎えるためには、新ＮＩＳＡという制度を使わない手はないのです。

新ＮＩＳＡは「つみたて投資枠」と「成長投資枠」が併用できる

ここでざっくり新ＮＩＳＡの概要をおさらいしてみましょう。

旧ＮＩＳＡには「一般ＮＩＳＡ」（個別株・ＥＴＦ）と「つみたてＮＩＳＡ」（投資信託）があり、その2つは併用ができませんでした。

新ＮＩＳＡには「つみたて投資枠」と「成長投資枠」があります。

「つみたて投資枠」は、旧ＮＩＳＡの「つみたてＮＩＳＡ」と同じく、投資信託がメインで、年間投資枠は１２０万円です。

「成長投資枠」は、旧ＮＩＳＡの「一般ＮＩＳＡ」と近いですが、個別株やＥＴＦだけでなく投資信託も対象になります。年間投資枠は２４０万円です。

新ＮＩＳＡは「つみたて投資枠」と「成長投資枠」の併用が可能で、どちらも非課税保有期間が無期限になります。

つまり、旧ＮＩＳＡでは個別株・ＥＴＦか投資信託か、どちらかを選ばないといけなかったものが、新ＮＩＳＡでは個別株・ＥＴＦも投資信託も両方選べ、さらにすべて投資信託にするという買い方もできるのです。

非課税限度額は１８００万円（成長投資枠の限度額は１２００万円）ですが、投資枠を全部使い切ったとしても、売却すれば翌年に枠を復活することができます。

例えば100万円で買った株を売却する場合は、売却時に120万円になっていたとしても、80万円になっていたとしても、購入時の金額である100万円分が復活します。

初心者の最適解は「投資信託」一択

投資と一口に言ってもその方法には、投資信託、ETF、個別株などいくつか種類があります。投資の経験や知識を得るためには新NISAの成長投資枠の中で高配当の個別株やETFに投資するのがおすすめです。実際に、僕自身は株の勉強も相当しているので、投資信託の割合が2割、ETFが6割、個別株が2割です。

しかし、これから投資をしようという初心者の場合は、新NISAの「つみたて投資枠」を利用して、確実に増えてかつリスクが少ない「投資信託」を選択するのがベストだと考えています。

そもそも投資信託とは、投資家から集めた資金をファンドマネージャーという投資のプロが運用する金融商品です。

投資信託は少額から始めることができ、投資信託の投資先は複数に分散されているので、例えば個別株のように投資先の会社が倒産して株が紙くずになってしまう、というようなリスクはありません。

もちろん投資である以上、元本が１００％保証されるわけではありません。平均利回りを見ると、一時的に元本が割れることもありますが、10年、20年と持ち続けることで、元本割れをする確率を限りなくゼロに近づけることができます。

「投資信託で失敗した」という人の話を聞きますが、それは下がった時にこれ以上損をしたくないと不安になって売ってしまった人です。

過去の通貨、債券、金、株式がどうやって動いてきたかを見れば、大暴落の時でも持ち続けて「売らない」という選択をすれば、必ず数年後に持ち直してきます。未来のことは断言できませんが、あらゆる投資信託の過去の実績を見ると15年以上持っていれば、基本、プラスになります。

どの銘柄を選ぶかは、そのプラスが多いか少ないかだけの話です。

「バイ・アンド・ホールド」で時間を味方に

投資の神様と言われるウォーレン・バフェットも推奨している投資の戦略に「バイ・アンド・ホールド（Buy-and-hold）」というものがあります。

これは金融商品を購入したら、市場が変動しても売却せず、最低でも10年以上は保有するという運用方法です。

では、なぜその戦略が有効なのでしょうか。その理由の1つに「複利」があります。「複利」とは、元本から利益が発生した場合、その利益を元本に足し、その元本＋利益を元本にして利益を得ていくことです。

みなさんも「借金が雪だるま式に増える」という言葉を耳にしたことがあるでしょう。

「トイチ」などと言われ、10日で1割の利率でお金を貸す闇金がありますが、例えばこのルールだと、最初に10万円を借りた場合、10日後に返済しなければならない借金は利息も含めて11万円です。それが20日後には1万1000円の利息がプラスされて12万1000円、30日後には13万3100円と増えていき、100日後には25万9375円、200日後には67万2750円、300日後には174万4940円と、身の毛もよだつ増え方をしていきます。

しかし、もしこれがあなたの財産を増やす投資であれば、どうでしょうか？　さすがにここまで高金利の商品はありませんが、時間を味方にすることで、お金を効率的に増やせることが分かると思います。

投資の世界でよく使われる計算式として「72の法則」があります。これは、資金が2倍になるまでに、どれくらいの期間がかかるかを計算するものです。

これは複利運用を前提としているものですが、「72÷金利」で、「お金が2倍になる年数」の目安を出すことができます。

例えば、金利4％で運用した場合、72÷4＝18となり、約18年で2倍になることが分かります。

株式の中には過去50年間の利回りが平均10％という商品もあります。そうなった場合は72÷10となり、7年後には2倍になるということです。


40代、50代の方の中には「今からでは、長期保有がメリットとなる投資信託を始めても遅い」という考えの方もいるでしょう。

しかし50歳から始めても、50歳の時に1000万円を投資し、利率10％でかつ複利で回れば8年後には2000万円、15年後の65歳の時には4000万円になっているのです。

仮に手堅く4％で計算したとしても、人生100年時代、50歳の人の20年後は、まだ70歳です。むしろ豊かな老後を過ごすため、投資は必須であると言えるでしょう。

「ドル・コスト平均法」でリスクを分散

これまでのお話で、資産を増やすにあたって投資信託を長期保有することが大切だということがお分かりいただけたと思います。

それでも投資は不安という方に、さらにリスクを分散する方法をご説明します。それが「積立投資」です。

投資信託の購入方法には「一括購入」と「積立購入」があります。新ＮＩＳＡの「つみたて投資枠」と「成長投資枠」は、「つみたて投資枠」では「積立購入」が可能で、「成長投資枠」では「一括購入」も「積立購入」も可能です。

積立購入は、一定の金額で毎月購入するもので、「ドル・コスト平均法」という手法です。これは長期的な投資に向いているリスクを分散させる方法です。

投資信託の価格は、常に値動きをしています。高い時もあれば安い時もあります。

しかし、毎月、一定金額で商品を購入し続けることで、基準価格が高い時には少ない口数しか購入できませんが、その代わりに基準価格が低い時には多くの口数を購入することができます。

これによって、一見、値下がりの不利なタイミングを逆に味方に付けることができ、引き続き積立購入を続けることで、次に値上がりをしたタイミングで大きな成果を得ることができるのです。


例えば、りんごを毎月1000円分購入したとします。1カ月目、2カ月目は1個100円だったので10個買えました。ところが3カ月目は80円に値下がりをしたので12個買えました。さらに7カ月目は50円に値下がりをしたので、20個買うことができました。

このように、値段が下がるほど多くのりんごを買うことができます。このように値段の上下に一喜一憂をせずに買い続けることで、りんごの値段が100

ドル・コスト平均法とは

りんごを毎月1,000円分購入すると……

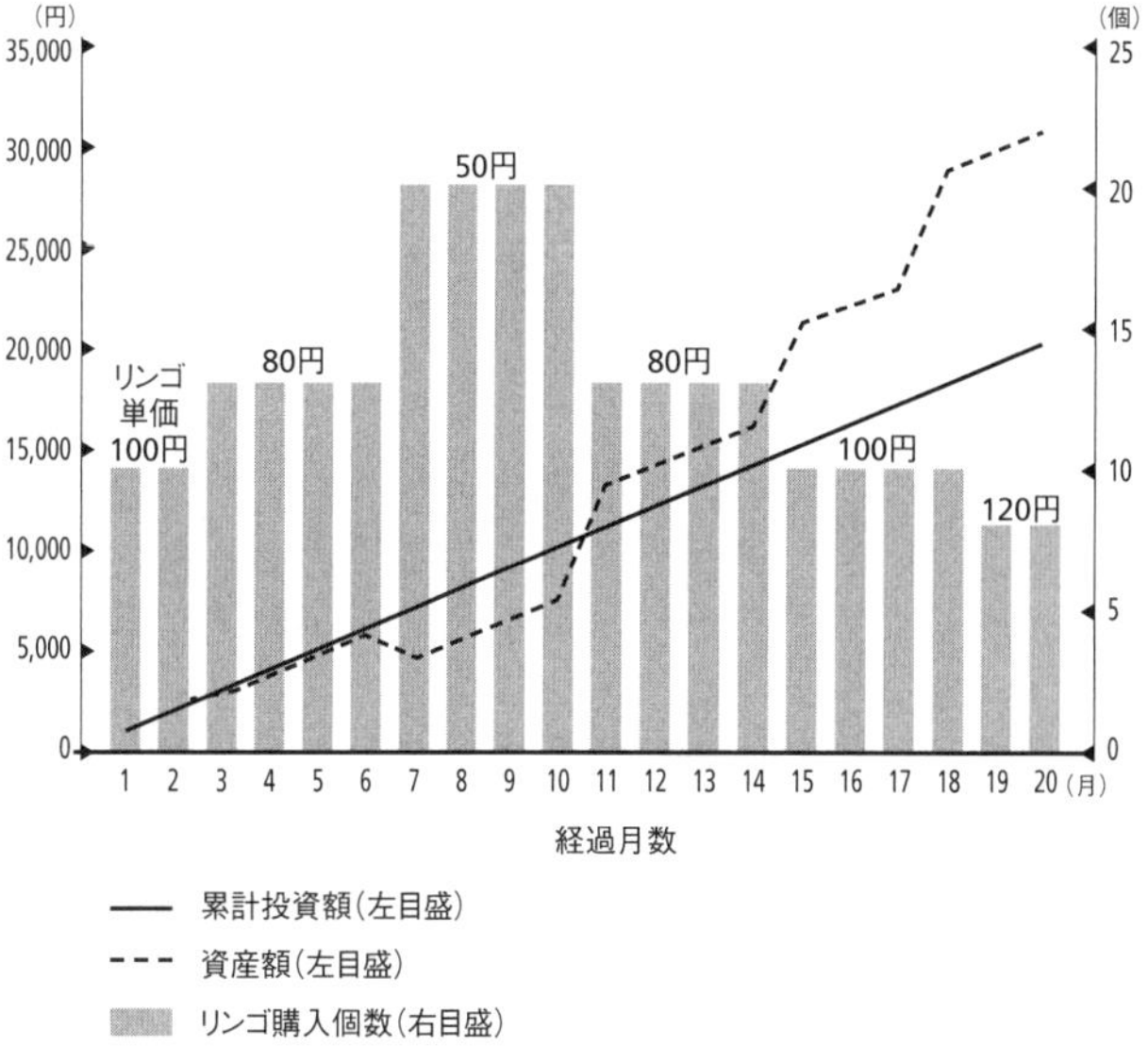

円まで戻らなくても、80円の時点で利益が出ます。

さらに積立投資は、金融機関によって異なりますが、100円や1000円といった少額から積み立てることができます。毎月定額を購入するのが基本ですが、いつでも設定金額を増減することができるので、投資初心者でもかなりハードルが低いのではないでしょうか。

早く始めるほど元本は少なくて済む

投資は、1日でも早く始めるのが鉄則です。

なぜなら60歳までに2000万円を貯める場合、投資を開始する年齢によって投資元本が大きく異なるからです。

無料シミュレーションができるWEBサイトも多いので、ぜひご自分でも試してみてください。

例えば、概算ではありますが、先の2000万円を貯める場合、20歳から60

歳までの40年間、利回り3％で運用した場合、毎月2万2000円の積立額で、投資元本は1056万円で貯めることができます。

30歳から始める場合であれば、毎月3万5000円の積立額で、投資元本は1260万円、40歳から始める場合は、毎月6万2000円の積立額で、投資元本は1488万円、50歳から始める場合は、毎月14万円の積立額で、投資元本は1680万円になります。

つまり、早く始めれば早い分だけ運用期間が長くなり、投資元本が少なくて済むのです。


40代、50代の方は、「今さら積立をしても」と思うかもしれません。確かに、20代、30代に比べると複利の恩恵は少なくなるのは事実です。

しかし、この低金利時代、銀行に預けていたとしてもお金が増えることはありません。

人生、今日が一番若い時なのですから、5年後、10年後、過去を振り返って

「あの時始めればよかった」とならないように、投資の世界の扉を開いていきましょう。

今からでも間に合う 新NISAの必勝法

これまでお伝えしてきたように「もう40歳だから」「50歳を過ぎているから」と諦めるのはまだ早いです。

複利運用は雪だるま式に資産が増えるということをお話ししましたが、もう1つ大切なことがあります。

それは、最初に雪だるまを作る時の芯を大きくすることです。つまり最初に多くの資金を入れることで、その後の資産形成が大きく違ってきます。

例えば、100万円を投資する場合、毎年10万円ずつ10年間投資をするのではなく、初年度に100万円を投資し、残りの9年はバイ・アンド・ホールドしているほうが10年後の資産額に大きく差が出てきます。

逆に言うと20代、30代は貯蓄も少なく、最初に百万単位の資金を入れるのは難しいかもしれません。

しかし、40代、50代となればある程度の老後資金を貯めていたり、60代の人は退職金などのまとまったお金を持っていることも多いでしょう。利息のほとんど付かない定期預金や保険商品を解約するなど、意外とかき集めることができます。

また、50代後半になれば、住宅ローンの終わりが近づいてきたり、子どものいる人は、子育てが終わりに近づいてきていて、学費の心配がなくなるという人も多いでしょう。

ですから、最初にある程度の資金をつぎ込み、月々の投資額を増やすことも可能です。投資は「今からでは遅い」ことはありません。「今さら」といってやらないことがダメなのです。

1800万円枠をいかに早く埋めるかのゲーム

新NISAの場合は、「つみたて投資枠」と「成長投資枠」がありますが、年間の上限額は「つみたて投資枠」が120万円、「成長投資枠」が240万円、合計360万円です。

最大1800万円なので、毎年限度額で購入しておくと、最短で5年間となります。そして、最短で1800万円分を購入した人が、一番増えることになります。

もちろん、投資をしたい人は限度額以上の投資をしてもかまいませんが、そこで得た利益は非課税ではありませんので、しっかりと20%の税金がかかります（笑）。

ですから、今回の新NISAでは、毎月30万円で年間360万円を投資し5年間で1800万円の枠を使い切るのが勝ちパターンなのです。

もちろん月額30万円というのは理想の額ですので、それができるような人であれば、すでに投資家であって僕が言うまでもないでしょう（笑）。

これから投資を始めようとする方は、月10万円でも、5万円でもかまいません。要は今まで貯蓄や保険などに月々回していたものを新NISAで積み立てるだけでいいのです。

5年が無理だとしても、7年でも10年でもいいので、この1800万円の枠をしっかり使って、後はホールド、そのまま持っていればいいのです。そうすれば、20〜30年後の日本で生きていく上では安泰であると、日本政府が年金や給与水準、物価などを加味した上で呈示しているというわけです。

稼ぐ力より削減する力を

投資をするには元手と入金力が必要です。

そのためには稼ぐ必要がありますが、稼ぐ力以上に大切なのは削減する力、貯める力だと思っています。

僕の周りを見ていると経営者で収入も多いのに貯められないという人はいく

らでもいます。年収1000万円でも1円も貯蓄がない人もたくさんいます。収入や給料が多くても、その分使う金額が多くなるので、結局貯蓄をすることができないのです。

プロ野球選手や芸能人など、稼ぐ力があると、「お金を使っても稼げばいい」「こんなに稼いでいるんだから、使ってもいいだろう」という発想になるので、収入が途絶えた時に全然貯金がなく破産するケースも珍しくありません。つまり稼ぐ力と貯める力というのは、全く別の能力だと言ってもよいでしょう。

これは年収が高い人に限ったことではありません。「貯蓄ができないのは年収が低いから」と言う人がいますが、年収300万円台でも投資をしている人は、いくらでもいます。

「お金がない」という人は、通信費の見直し（格安SIMにする）、不要なサブスクをやめる、保険の見直しなどをすることで、月1〜2万円以上を浮かせることも可能です。

僕自身も家賃の安いところへ引っ越し、事務所をなくし、車も1台にし、旅行で泊まるホテルのグレードを下げたり、外食の回数を減らすなど、一気には無理ですが、徐々に生活費を落としています。

例えば超こってりの二郎系ラーメン好きだった人が、いきなりそうめんを食べるのではなく、カツカレーうどん、肉うどん、きつねうどん、鴨せいろ、と少しずつ味を薄くしていけば、そうめんもおいしく食べられるようになります。

お酒や夜遊びが好きで、そこにお金を使っている人は朝5時までダラダラと飲んでいたのを4時まで、3時まで、2時まで、1時までと、少しずつ切り上げる時間を早くするなど、削減方法はいくらでもあります。

収入が15万円でも、生活費が10万円であれば5万円を投資して増やすことができますし、50万円を稼いでいても毎月48万円を使っていれば、2万円しか余剰資金がありません。

収入が増えなくても、工夫次第で人生の幸福度を下げることなく生活費をサイズダウンすることができます。そして、誰でも削減した分を投資に回すことができるのです。

もし「新NISAで投資をする余裕がない」という人がいるならば、収入の多い少ないとは関係なく、その人は身の丈に合う生活をしていないということです。

投資に回せる金額を決める

先にもお話ししたように、毎月30万円ずつ積立ができるのが理想ですが、現実的には生活費もかかります。家賃や公共料金の支払い、学費やクレカの支払いなどでもお金が必要です。

そこで僕がおすすめするのが、自分の口座を「1使う口座」「2貯める口座」「3増やす口座」の3つの口座に分けて管理をする方法です。

「1使う口座」はメインバンクになります。ここには給料の1・5カ月分を入れます。給料が30万円なら45万円、40万円なら60万円です。

家賃、光熱費、食費、娯楽費の他に、医療費や冠婚葬祭費、家電購入などのイレギュラーの出費も含まれており、当然、すべて使い切っていいお金ではありませんので、毎月この中で細かく使っていいお金、残しておくお金を分けてもいいでしょう。

「2貯める口座」はサブバンクになります。ここには給料の6カ月分を入れておきます。給料が30万円なら180万円、40万円なら240万円です。この口座は、基本的には手を付けません。

自分が病気やけがをして長期入院して働けなくなったり、転職などで一時的に収入が途絶えたり、引っ越しなどで大金が必要になった時などのための万が一のお金です。

「3増やす口座」が投資用の口座になります。1と2を合わせて給料7・5カ月分をキープしたら、余剰分を「3増やす口座」に移します。ここから月々積立投資に回せる金額を決めていきましょう。

もし「お金がない」というなら、自分の生活を見直す絶好のチャンスです。ぜひ先にもお伝えしたさまざまな方法で、ご自分の生活費の無駄を見直してみましょう。

証券口座はネット証券で開設する

新NISAなど、投資信託を購入するには、証券口座を開設する必要がありますが、始めるのであればネットを使うのが基本です。

SBI証券、楽天証券、松井証券などが手数料も安く、初心者に人気の証券会社です。ネット証券ですので、当然、窓口もありません。ですから一から自分で調べて開設する必要があります。

しかし、YouTubeやブログなどで、詳しく説明してくれている人がいくらでもいますので、ハードルが高いとはいえ、乗り越えられないものではありません。

普通の銀行でも投資信託を扱っており、銀行窓口で「新NISAをやりませんか」とチラシを配っていたりしますが、銀行の場合は手数料がかなり高くなります。「NISAで損をした」という人の話を聞くと、たいてい銀行で購入しています。

そもそも銀行とネット証券では扱っている商品の数が違います。銀行の場合は、その銀行のファンドマネージャーが、今後伸びる商品を分析して、プレゼンの資料を作って契約をするので、その手数料が上乗せされています。

例えば海外旅行などで、円を外貨に交換しますが、空港などの窓口より現地の街中で換えたほうが安いのと同じです。

扱っている商品も、基本的に銀行の利益率が高い商品ですから、銀行は儲かりますが、僕たちは儲からない可能性のほうが高いです。

「つみたて投資枠」と「成長投資枠」どちらも「S&P500」でOK

証券口座を開いたら、具体的にどの投資信託を買うかとなりますが、正直、どれでもいいと思っています。

新ＮＩＳＡで投資信託を買う場合、対象銘柄は「つみたて投資枠」で約２８０本、「成長投資枠」で約２１００本ありますが、これらは国がすでにリスクが少ないだろうと選別した銘柄です。

しかし、どれでもいいと言ってもなかなか選べないことでしょう。結論から言えば、初心者であればまずＳ＆Ｐ５００を購入し、ずっと持ち続けているのが正解だと思います。「つみたて投資枠」と「成長投資枠」、どちらもＳ＆Ｐ５００でいいと思います。

Ｓ＆Ｐ５００というのは、Ｓ＆Ｐダウ・ジョーンズ・インデックス社がリアルタイムで公表している、米国株式市場の大手上場企業５００社で構成される株価指数です。

このＳ＆Ｐ５００の株価に連動する投資信託の商品はＳＢＩ・Ｖ・Ｓ＆Ｐ５００インデックス・ファンド、ｅＭＡＸＩＳ　Ｓｌｉｍ　米国株式（Ｓ＆Ｐ

500）、楽天・S&P500インデックス・ファンドなどいくつかありますが、僕はeMAXIS　Slim　米国株式（S&P500）を選んでいます。

このように平均株価などの指数に連動して運用する商品をインデックス・ファンドといい、他にも日経平均株価に連動する日経225や、東証プライム上場の全銘柄で構成されているTOPIXなどがあります。

インデックス・ファンドは、結果的に複数の企業に投資をすることになるので、その中の1社の業績が悪化したり、倒産しても影響がほとんどありません。ただし逆に大儲けした企業があったとしても大きなリターンは望めません。

しかし、コツコツ積み立て、長期投資をすることで複利の力でお金を増やすことができるのです。

投資中級者は債券系の投資信託もアリ

投資信託のインデックス・ファンド商品には、S&P500のように株式に連動するもの以外にも、ＲＥＩＴ（不動産投資信託）や、債券に連動するものがあります。

債券とは国や企業が発行する有価証券です。株は投資なので、利益が出れば還元されますが利益が出なければ回収ができません。しかし有価証券の場合は返済義務があり、利息がすでに決まっているので元本割れのリスクが株式に比べて極めて少なくなります。

その代わりリターンも少ないので、増やすというより守るに近い投資かもしれません。

20歳、30歳であれば、長期保有をすることで元本割れをしても待つことができますが、50歳、60歳となると、リカバリーする期間が短くなるので却ってリスクがある商品とも言えます。ですので、一つの対策方法として、投資の中で債券の比率を自分の年齢にするという考え方があります。例えば40歳であれば40％を債券、60％を株式にするといったことです。

投資は幸せになるツール

「つみたて投資枠」と「成長投資枠」に「毎月30万円」、1800万円の枠を5年で埋めるのが勝ちパターンだとお伝えしてきましたが、そもそも1800万円分を購入して30年後に1億円になっていたとしても、墓場にお金を持っていくことはできません。

自分にはそこまでの大金は必要ない人もいると思います。それに、月々無理して投資を続ければ、趣味ができなくなったり、働きすぎて体調を崩したり、夫婦関係が悪くなるといった可能性もあります。

僕は、お金というのは、使っている時が幸せだと思っています。貯めすぎても幸せではありません。とはいえ、使いすぎても将来が不安ですから、結局はバランスの問題なのではないでしょうか。

しかも、そのバランスもその時々のライフステージによって変わってくると思います。無理をせず、現在の幸せ、将来の幸せ、両方のバランスを取りながら資産形成をしていくことが大事だと思います。

第1章

【先見力】過去から「未来」を予測しよう

短期ではなく長期を見据える未来志向

ＡＩ、デジタル化など、ここ数年で社会はめまぐるしく変わっています。さらにコロナが流行し、その後のウィズコロナ時代と、全く先の見通せない時代となりました。

２０２２年の日本人の平均寿命は、女性が87・09歳、男性が81・05歳、２００７年以降生まれの子どもの３人に１人、もしくは２人に１人は、１００歳以上生きるとも言われています。

10年後、20年後、30年後、40年後、50年後の日本の状況、世界の状況は、今後予測のつかない方向にどんどん変わっていきます。

人生１００年時代と言われる現代で、僕たちはどうやって生き残っていけばいいのでしょうか。

そこで、この時代を生き抜く11個の力で、最初にお伝えしたいのは、長期的な視点を持つという「先見力」です。

しかも、3年先、5年先といった短期的な先見力ではなく、最低でも10年後を見据えられる先見力が必要です。

みなさんは、日々の生活の中で、10年以上先を見据えた行動を意識しているでしょうか？

勉強、仕事、資格、人間関係、人脈、趣味、健康、コンディション管理など、自分が10年後、どうしていたいかを少しでも考えたことはありますか？

先見力＝投資である

では、先見力とは何かを考えた時、それは分かりやすく言えば、何に「投資」をするかを長期的に考えること、つまり投資的な視点、それも長期的な視点を持つことだと思っています。

証券会社に勤めている方や、生命保険や金融に携わっている方であれば、多分お分かりかとは思いますが、基本的に投資を成功させるには、「長期投資」が必須となります。短期や中期ではなくて、長期投資をすることです。

そのいい具体例になるのが、例えばS&P500、日経平均やJ．P．モルガンが出しているようなチャートです。

例えばJ．P．モルガン・アセット・マネジメントが出している、1950年から2019年の株式投資の投資期間と年平均リターンの範囲という表があります。

投資期間が1年の場合のリターンは、マイナス39%からプラス47%まで大きな幅があります。つまり、たくさん損をする人もいるし、たくさん得をする人もいるということです。

しかし、20年間投資していた場合のリターンは、プラス6%からプラス17%です。つまり、投資期間が長くなるとリターンの触れ幅が小さくなって安定するというわけです。投資期間を長くすれば、データ上では、誰1人として損をしていないことになります。

簡単に言うと、小学校、中学校、高校と、きちんと長期的な目線で勉強している人は、いわゆる偏差値の高い大学に入れますし、就職活動にしても、30歳以降のキャリアアップや転職まで視野に入れて大学生活を送っている人は、今後の人生も安定しているでしょう。これが長期的、投資的視点です。

しかし、若い学生で、そこまで長期的な視点で物事を考えられる人は、ほとんどいません。目の前のことに一喜一憂をするだけで、５年後、10年後については、何も考えていない人が大多数ではないでしょうか？

僕は大学在学中に公認会計士試験に合格しましたが、これも長期的投資です。大学卒業後の人生を見据えて、大学と並行して会計士になるための学校に通い、１日16時間の勉強を３年半続けました。

よく、大学在学中に英検や宅建など、比較的少ない時間で取れる資格ばかり取る人がいますが、ほとんどの人は、その資格を取った後、その資格を何に役立てたいのか？　という視点が抜けています。目先の短期的な投資しか考えていないのです。

例えば、英検を受けることは無駄とは言いませんが、英検を受け、級を取得した後に、全く英語を使わない生活をするのであれば、お金と時間を使って、英検に投資する意味はないでしょう。

ですから、先見力に不可欠なのは、今年、来年といった短期的な視点ではなく、5年後、10年後を視野に入れた逆算思考による見通し、つまり長期的な投資の視点なのです。

本を読む時は、一般的に「はじめに」から読みますが、一流の経営者は「おわりに」から読んでいます。そうすることで本のゴールを見据え、目的がはっきりした上で読むことができるからです。

さらに本を選ぶ時も、「何となく」手に取るのではなく、例えばテレアポの営業のクロージングの部分が弱いから、それを習得する知識が身に付く本を読もうと思って本を選んでいます。

そして、目次を見て、自分が欲しい情報が掲載されている章だけを読みます。常に「目的」と「目的達成」のための行動をしていますが、これも長期的投資の1つでもあるのです。

長期的投資は積立とセットで考える

長期的投資と並んで必要なのは、積立です。

積立とは、毎月同じ額のお金を払うということですが、これは投資だけに限った話ではありません。長期的に先を見通せば、今からコツコツ行動することが必要です。

投資の方法に「ドル・コスト平均法」という手法があります。

投資の世界で絶対に避けたいことは、最悪の状況に陥ることです。投資家の一番の理想は、当然、最高の状態で投資することです。

投資の世界での最悪の状況は、リーマン・ショックやコロナショックの前に株を買い、リーマン・ショックやコロナショックが起きたことで買った株が暴落することです。

一番高い時に買い、一番安くなるのが最悪だとしたら、一番安い時に買い、一番高いところで売るのが、投資の一番いい状況です。


しかし、こういった事態は、なかなか予測できません。そこで最悪の状況を回避する方法として、「ドル・コスト平均法」があります。これは一定の金額を毎月コツコツと長期的に投資していく方法です。

株のチャートというのは、日経平均だけを見るとそうでもないですが、多くのアメリカの株、S&P500などは、長期的に見れば、右肩上がりに増えているものです。

短期的に見れば、一番安いのか、一番高いのかというのは日によって揺れ動きますが、マクロの視点で右肩上がりと考えるのであれば、１日も早く始めたほうが、利益を出すことができます。ですからこの「ドル・コスト平均法」の考え方では、株は１日でも早く始めたほうがいいのです。

そして、１００万円を１回で１００万円分買うのではなく、月５万円ずつ毎月定額で買っていけば、高いところで買うことにもなりますが、安いところでも買えるようになるので、できるだけ損をするリスクを減らすことができるというわけです。これがドル・コスト平均法の仕組みです。

先見力をつけるには、このような長期的、しかも積立の目を持つことが必要です。

何事にも「積立」の視点を持とう

僕が合格した公認会計士試験は、合格率は大体10％です。その年によって6％台から20％弱まで幅がありますが、受からない人や、合格を諦める人は、かなりの数にのぼります。

そういう人たちは、最高の状態を得ることだけを考え、最悪の状況を想定したり受け入れたりすることが、全くできていません。

統計の話になりますが、公認会計士試験に1回で合格する人は1％です。つまり、100人に1人です。合格率は10％ですから、100人中10人の合格者のうち9人は、必ず1回以上落ちている人です。実際、合格までに3〜5回受験するのが一般的です。

1回落ちるのは当たり前ですから、「1回目は落ちたけど、次もやろう」と前向きに捉えることも、「積立」の思考の1つです。

資格取得勉強のように知識を積み立てたり、人間関係を積み立てたり、今、自分が働いている目の前の仕事を全力でやることです。

株式のように、調子がいい時も悪い時もあるでしょうが、長期スパンで見れば、それが積み上がり、必ず右肩上がりとなっていくのです。

また、同時に重要なのは、１つの分野だけに特化して積み立てていくのではなく、さまざまな分野に興味を持つことです。

投資の世界では、分散投資、ポートフォリオと言いますが、いろいろな金融商品に分けることにより、リスクを低めます。

例えば個別株を１個持つだけの場合は、倒産したりするなどのリスクがあります。そこでいろいろなものに投資をすることで、リスク回避をするわけです。

過去から未来の変化を読み解く

例えばタクシーの初乗りの価格は、昭和初頭には1円だったのが、今は都内では500円になっています。同様に銭湯は、もともと6円だったのが、現在は520円です。はがきの価格も2円から63円になりました。

では、今後の日本はどうなっていくのでしょうか。例えば電子マネーの決済がどれくらい増えているのか、クレカの支払いは、どれくらいの割合なのか。5年前、10年前のデータと見比べることで、ある程度の予測を立てることはできるでしょう。

モノやサービスの価格、税金、給料、生涯年収……。例えば大企業の退職金は年に2・5%ずつ下がってきていますから、100歳まで生きるとなった時に、老後にお金がどれくらい必要なのか。

それだけではありません。結婚するとしたら、結婚式や新婚旅行、新居費用にいくらかかるのか。子どもは何人欲しいのか。学費はいくらか。親が病気になった時に、何か手当があるのかどうか……。常に長期的な視点を持っていることが必要です。

そのためには、過去のデータを見ることが、先見力をつける手助けをしてくれます。

若い世代のために、僕らができること

先見力で、欠かせないものは、「若い世代、自分の将来の子どもや孫、後継者のために」という視点です。

結局、「自分のため」という人は、今を楽しむことに精一杯で長期的な視点が身に付きにくいのです。たとえ今、結婚するつもりがなかったとしても、10年後、20年後、結婚するかもしれません。しかし、そういう発想がなければ、

資産形成もできないし、先見力も身に付かないし、結果も出ません。

　億万長者を調査した本を読んだことがありましたが、億万長者には、独身者は少なく、しかも婚姻している人たちの結婚生活はおしなべて長いというデータがありました。これは当たり前だと思います。

　もちろん、結婚が人生のすべてではないので、結婚しなくてもかまいません。しかし、自分が遊びたいから年収1000万円を稼ぎたいという人よりも、「日本のため」「社会のため」「人類のため」「世界平和のため」と、自分以外の誰かのため、未来の子どもたちのためにビジネスをしたほうが、圧倒的に成果が出せます。

　なぜなら、後者のように、将来の子どものために、業界への恩返しのために、社会のために、日本のために、という人のほうが周囲からも応援されやすく、大きな仕事ができるからです。

国内を見るのではなく、国際基準で考える

将来を予測するのは、なかなか難しいことです。だからこそ、ＡＩの勉強をする、ネットの勉強をする、デジタルの勉強をする、株価のチャートを見るなどといった行動を通して、先見力を養うことが大切です。

そこで、先見力を養う時に、基準となるのは国内ではなく、国際基準です。例えば、消費税を見ると、ヨーロッパの国の多くは大体が20％台です。日本は、現在、その半分の10％です。今後、消費税の引き下げをすることはないでしょうから、徐々に20％に近づいていくでしょう。

一方で、法人税、所得税、贈与税、相続税といった直接税は、日本はとても高い税率です。４０００万円以上の収入があっても、全国一律の住民税10％に加えて、超過累進税率で所得税が45％。

例えば年収が1億円の場合、日本ではそのうち、5500万円を住民税・所得税として払わないといけません。すると手元に4500万円しか残りません。

しかし、シンガポールは住民税がなく、所得税も24%です。ですから、もし年収1億円の人がシンガポールに住めば、税金は2400万円ですから7600万円が残り、日本の4500万円と比べると3100万円、毎年貯金を増やせるわけです。

今後、経済はグローバリズムにより、どんどん国際的な標準に各国が合わせていくことでしょう。政治も同様なので、消費税も上がるはずです。

このように、先見性を持つためには、日本国内だけを見るのではなく、海外の状況と比べることも大切です。

Amazon の動きに注目を

世界を知るということは非常に重要だとお話ししましたが、僕は先見力を語る上で、Amazon というのは、外せないキーワードだと思っています。

特にビジネスに関わっている人は、先見力を養うためには、Amazon の動きに注目しておくことをおすすめします。

例えば今、ドローンが、研究、調査、撮影などに使われていますが、Amazon は、本国ではすでに、購入した商品を、配達員が届けてくれるのではなく、ドローンが運び、ベランダに置いたり、家の前まで届ける時代になっています。

また、本国アメリカを中心に Amazon GO というコンビニのような形態のショップを展開していますが、この店の特徴は、店員さんがいないことです。この店に入ると Amazon のアカウントで認証され、商品を持って外に出たら、そこで決済がなされるという仕組みになっています。ＩＣカードやクレジットカードで払ったり、携帯の電子マネーをかざす必要もありません。

さらに陳列によるプロモーションや、仕入管理や在庫管理も、コンビニの中に設置したセンサーやカメラで行い、こういう若い人はこういう商品を買う傾向があるというように、すべてデータ化しています。そして、店舗ごとに違う商品を仕入れたりするわけです。

海外のスーパーなどは、現在どんどんAmazon GOのようになっています。スーパーは地域性が強いので、在庫管理は非常に重要です。

１カ月の購買データを、顔と名前とポイントカードで認証できれば、この人はこれを買う傾向にあるというように、仕入れも無駄なくできるようになるのです。

Amazonは１９９５年から営業を開始して、株価は上場してから約１０００倍になっています。10万円分を買っていたら１億円以上になっているような、それぐらい伸びている会社です。

先見力をつけるためには、GAFA＝グーグル（Google）、アップル（Apple）、フェイスブック（Facebook、現Meta）、アマゾン（Amazon）といった企業を、しっかり理解して研究することが、非常に重要だと考えています。

ライフスタイルに大切な先見力とは

みなさんは、例えば車を20歳から70歳まで持つと、維持費を含めていくらぐらいの費用がかかるかをご存じですか。ファイナンシャルプランナーの平田浩章氏の試算によれば実は、4000万円ぐらいかかります。

これも、言うなれば先見力です。

この費用をどう考えるか？

これが得ならそれはそれでいいわけですし、自分の車を使う頻度に合わせて車は買わずに、カーシェアリングをしたり、レンタカーを借りたり、タクシーを利用してもいいわけです。まずはこの4000万円という数字を知ること、それが先見力に通じてきます。

経営者にフェラーリを買う人が多いのは、リセールバリューが高いからです。2000万円で買い、1900万円で売れれば、100万円しか損をしません。国産車ですとアルファードもリセールバリューが高いです。

新車のプリウスを300万円で買って、3年後に売ったら150万円にしかならないのであれば、フェラーリを買ったほうが断然お得です。

ロレックスなどの高級時計を買う人が多いのも、同様の理由です。僕は昔からクロムハーツが好きで、クロムハーツの商品を何点も買っていますが、ブランドの価値が上がっているので、商品の価値も上がっています。

商品そのものの値段で考えるのではなく、売ったらいくらになるのかというリセールバリューを考えるのも大事な先見力だと思っています。

月収の1割を貯蓄に回せば1億円の貯金ができる

先見力を身に付けるためには、長期的な視点が大切だということはお話ししてきました。お金のことで言えば、長期的な視点を持つと、貯金の大切さが重要になってきます。

つい最近、日本人はアメリカの次に億万長者の割合が多いという調査を見ました。そこで、1億円を貯金するにはどうすればいいかを考えたことがありますが、実は、1億円を貯めることは、それほど難しくないのです。

日本人の会社員の生涯年収は、大体3億円と言われています。もし共働きで稼いだとしたら、3億円＋3億円で6億円になります。この10％を貯金するだけでも6000万円です。

この貯蓄を元本にして年利3％で運用するだけで、18年で1億円を超えます。実際は20代、30代、40代は積み立てながら貯蓄をするので、複利の効果で、もっと短期で資産形成できます。

つまり、稼ぐ能力、増やす能力も、もちろん重要ですが、お金を貯めるのに一番簡単なのは、貯金する力を身に付けることです。

老後にかかる資金は2000万円と言われていますが、冷静に毎月コツコツと貯めていけば、意外と貯まるものです。


例えば月収の1割を22歳から貯金していたらいくらになるでしょうか。これは、複利計算アプリを入れれば、計算が苦手な人でもすぐに分かります。

月収が30万円だとして、毎月3万円を5%で積み立てます。5%にしたのは、世界の株式市場の平均のリターンが、大体5%から7%ぐらいに増えると言われているからです。


そこで元本10万円から、毎月3万円を積み立て、年5%で回すとすると、18年で1090万円を積み立てることができます。通常の貯金では、658万円しか貯まりません。しかし、年５％で回せば、資産は30年後に２５５４万６０５０円になっています。

18年〜30年の間に１４６４万６０５０円増えるわけです。もうこれで２０００万円問題は解決しています。

共働きで退職金ももらえるとしたら、さらにプラスとなります。また別の章でご紹介している新ＮＩＳＡを活用するのもおすすめです。

「１割も貯金するのは大変」という人は、まずは月々のランニングコストから見直すことです。このことを意外と意識していない人も多いのです。

ランニングコストは、月々のコストが低く、生活に必要と考えてしまうために、軽視してしまいがちですが、それが５年、10年と積み重なると、大きな差を生みます。

例えば、携帯電話もａｕ、ソフトバンク、ドコモなど大手キャリアから格安

ＳＩＭに替えるだけで月５０００円ぐらい安くなります。これだけで年間６万円。10年間で60万円です。家族が４人なら、年間24万円、10年間で２４０万円もの差が出ます。ですから、絶対に替えるべきではないでしょうか？

また電気料金についても、２０１６年から電気の自由化が始まり電力会社も自分で選ぶことができます。ネットだけで切り替えが簡単にできるので、ぜひ比較サイトなどで検討してみてください。年間で１～３万円ぐらい安くなります。

ライフイベントでの出費を計算する

先見力で欠かせないことに、ライフイベントがあります。ライフイベントとは、その人の人生で起きるさまざまなイベントのことです。転職、結婚、けが、入院、出産などがそれに当たります。そして、そこにもお金の問題はついてまわります。けがや入院の費用、結婚や子育てにかかる費用、老後に必要な資金など、自分の人生に何が起こりうるか、そしてそのそれぞれにどれくらいが必要なのかを知り、毎月収支の計算をして管理をすることが必要です。

例えば『ゼロからはじめる！　お金のしくみ見るだけノート』（伊藤亮太／宝島社）によれば、結婚にかかる費用は平均で463・3万円と言われています。意外に高くてびっくりするのではないでしょうか。婚約から新婚旅行を含めての金額ですが、夫婦で折半したとしても200万円以上の支出です。

1人暮らしの引っ越しの平均額は102万円と言われています。インテリアや家具で40万円、家賃・敷金・礼金で20万円、家電で30万円、引っ越し代金が10万円で、約100万円です。

子どもの教育費は、私立か公立かによって変わってきますが、1人あたり2000万円から3000万円かかります。

「結婚しない」「子どもはいらない」という人もいますが、いつ自分の考え方が変わるか分かりません。

10年後、20年後、30年後、何が起こるのか、そのためにはどれくらいお金が必要なのかを考えて、車選び、住宅選び、保険選びなどを見直すことも先見力を養うためには必要です。

チャートを見ることで先見力が磨かれる

ここまでお話ししてきた先見力ですが、この力は一朝一夕に身に付くものではありません。日々の積み重ねがとても重要です。

先見力を養うために、日々、勉強できるものとして、一番の教材になるのが「お金」だと僕は思っています。中でも、僕は投資が一番勉強になると思っています。そこで僕は、日経平均、S＆P500や世界株式のチャートなど、日々変化するものを見ています。

iPhoneには、標準アプリで株価チャートが入っているので、毎日見る癖を付けるといいでしょう。できれば、10年単位、5年単位、1年単位、1カ月単位と、マクロの視点で見てからミクロの視点で見ることが大事です。

コロナ前後や、アメリカの大統領選前後など、国内外の社会の出来事と照らし合わせて、どう変わったかを意識して見ていきましょう。

これは、みなさんに、投資家になれということではありません。しかし、どうせ見るのであれば、実際に投資をしたほうが興味を持ちやすいので、新ＮＩＳＡで投資を始めたり、ネット証券で１００円からできる積立の投資を、お小遣いの範囲内で始めるのもおすすめです。インデックス・ファンドに投資をして、毎日チャートを見ることで、世の中の流れが見えてきます。

世界株式、米国株式、ＴＯＰＩＸ、日経平均。そういったものに投資をしながら毎日チャートを見て、相場を見たり、今後を予測したりすることが、先見力を磨くことにつながるのです。

ここで重要なのは、絶対的な正解は何か？　を考えるのではなく、このタイミングで下がるのかとか、ここで上がるのかというように、チャートをしっかり見て推移を追うことです。さらには、今後の日本はどうなっていくかを考えてみることも非常に重要です。

そういった活動を通して先見力も養われていきます。

第2章

【思考力】

人の頭ではなく「自分の頭」で考えよう

「情報」と「思考」は全くの別物

総務省の研究によれば、２００６年からの10年間で、情報の流通量は５３０倍になっているそうです。

ソーシャルメディア、ブログ、テレビ、YouTubeなど、いろいろな人が情報を発信することにより、情報過多の時代になっています。

10年前であれば本を読んだり、詳しい人に聞かなければ答えが分からなかったような成功ノウハウや考え方といった情報も、今はYouTubeだったり、インターネットで調べることで、簡単に手に入るようになりました。

そこで僕が問題視しているのが、こういった情報を手に入れたことで、多くの人が分かったような気になってしまうことです。

養老孟司さんの『バカの壁』（新潮社）という本があります。４５０万部を突破し、２００３年に流行語大賞にもなりましたが、この本の帯に書かれている『話せばわかる』なんて大うそ！」という状況が、今、まさに起こっているのです。

情報はインプット、思考はアウトプット

例えば、情報は、脳への入力、インプットです。ですから、例えばどこかで仕入れた情報や、この本で書かれていることを、みなさんは鵜呑みにするのではなく、情報として頭の中に入れた後、しっかりと自分の頭で考える、つまりアウトプットしてほしいのです。

ほとんどの人は、情報と思考を同じものだと考えています。本を読んだり、ブログを見たり、テレビやYouTubeを見て、「ああ、そうなんだ。分かった」と思っていますが、僕からしてみれば、分かった気になっているだけで、分かっていない人が大多数だと思います。

今の時代、ちょっと疑問に思ったことなどの答えは、すぐにインターネットで調べることができます。簡単に答えを見つけることができるものは、単なる情報です。一方、思考とは、情報を自分の中で一度咀嚼し自分の頭の中で思い、考えたものです。

こんな時代だからこそ、情報と思考は別物であると、しっかりと意識する必要があります。読んだり聞いたりするのは、あくまでインプットなのです。単純に情報を入れているだけです。

僕はこの本でみなさんに、たくさんの「力」について伝えていますが、この本を読みながら、そして閉じた後にも、ぜひ自分の頭で、僕が言ったことが本当に正しいのか、合っているのかを考えてほしいのです。それが思考をするということです。

情報を頭の中に入れたら、それが本当に正しいのか。自分はどう思うのか。「思考」をすることが大切なのです。

最近、多くの人は、思考をすることがほとんどないように思えます。自分が目にしたり耳にしたりした情報を、そのままコピペして、自分のX（旧Twitter）やブログなどで、コミュニケーションの道具として使っています。

成功している人、偉人、結果が出ている一流の人、突き抜けている人の言葉を知識としてコピーアンドペーストしているだけです。自分の頭で考え、自分の言葉を育てる、考える力が欠けているのです。

先ほどの養老孟司さんの『バカの壁』には、養老先生が医学部生に妊娠から出産の動画を見せたというエピソードが載っています。

すると男子学生は「そんなの中学校で習ったよ」と言いましたが、女子学生は「勉強になりました」と言いました。同じ学部、知識も同じ、偏差値も同じ学生たちの中で、なぜここまで感想が違うのか。これがまさに思考の問題だと僕は思います。

男性は、女性と違って出産を経験しません。ですから、自分事として捉えにくいのです。もちろん妻や、姉や妹、友人が妊娠するとなれば、多少は間接的に考えるかもしれませんが、自分自身が妊娠や出産を経験することはないので、自分事として考えられないのです。

要は、自分に関係ない情報を自主的に遮断しています。これが、いわば「バカの壁」というものです。「もうそんなの知っているよ」と言って、理解しようとしないのです。

僕はいつも、「知っている、分かっているというつもりになったら駄目だ」と思っています。

妊娠や出産の動画を見るのは、情報をインプットしただけです。脳への入力をしてから、しっかりと自分の頭で考えること。つまり、内なる言葉を育て、話したり、書いたり、アウトプット（行動）して初めて、思考をしているというこ とになるのです。

ＡＩには思考力がない

今、ＡＩが人間の仕事を奪っていくという話をよく聞きます。ホワイトカラーの仕事の半分がなくなるとも言われています。

ＡＩとは、人工知能という意味ですから、人間と同じ能力か、それ以上の力を持っていないとＡＩとは呼べません。そういう本来の意味でのＡＩは、２１００年まで生まれないと、研究者の間では言われています。

ＡＩの得意なことは、大量の計算と記憶です。ですから、居酒屋チェーン店で、チューハイや生ビールのオーダーを受けたら、それをマニュアル通りに作ることは得意です。しかし、ＡＩは、読解力や思考力、表現力、コミュニケーション力が弱いのです。

例えば、「先日、岡山と広島に行きました」という文章と、「先日、岡田と広島に行きました」という文章の意味の違いが、人間はすぐに分かりますが、ＡＩは分かりません。


『ＡＩ vs. 教科書が読めない子どもたち』（新井紀子／東洋経済新報社）という本にも書かれていますが、今、小学生で問題視されているのは、教科書を読めない子どもたちです。

子どもが今、一番苦手なのは、国語だというのです。自分の頭で考えたり、国語の文章を読んで理解して自分の言葉で発言することができないのです。


本来ＡＩができないことを人間ができればいいのですが、今問題視されているのは、ＡＩができないことを人間もできないということです。

そして子どもたちが今得意なのは、英単語を覚えるとか、日本史とか世界史の有名な人物や年号などを覚えることです。これは、残念ながらＡＩの得意分野です。これではＡＩと同じです。

２０２２年にはＣｈａｔＧＰＴがリリースされて話題を呼びました。ＣｈａｔＧＰＴは、高度なＡＩの技術によって、人間のように自然な会話ができるＡＩによるチャットサービスです。革新的なサービスとして注目を集め、回答される内容はもちろん、人間味のある回答などが大きな話題となっていますが、まだまだ改善点が多いのも事実です。ただし科学技術の進化により、サービス内容もどんどん改善されていくことでしょう。

今のところＡＩは、誰かの情報をインプットして理解する、人の気持ちを理解したりするといったことも完璧にはできません。暗記・計算はできても、自分の考えを伝えるとか、表現や読解が苦手なのです。

まだ自分の頭で考え、相手の気持ちを理解してコミュニケーションをとることができるのは人間だけなのです。

ただしそういったことをＡＩができるようになるのも遠い未来ではないと思います。ＡＩに人間が取って代わられないためにも、人間はもっと思考力を鍛える必要があるのです。

優先順位と目標設定で思考力を鍛える

では、この思考力を鍛えるためにはどうしたらいいでしょうか？　思考する、とは、自分の頭で考える、内なる言葉を育てる、伝えるという活動のことです。そのためには、話すとか、書くとか、行動するといったアウトプットが重要ですが、現代人は、圧倒的にこの活動が不足しています。

インプットした内容をコピペでアウトプットするのは、体裁はアウトプットですが、内容的にはアウトプットとは言えません。

ただコピペするのではなく、自分が今、頭の中で考えていることは何なのか、何かテーマがあれば、自分は今それに対してどう考えているのか、さらに、今自分がしたいことは何なのか、今一番、何が大切なのかなどを、しっかりと考えてほしいのです。

物事に優先順位をつけること

よく、多くの人は、選択肢が多すぎるから悩むと言いますが、僕は、それは、違うと思っています。

例えば、筋トレをして体型維持をしている人は、ランチに何を食べるかという時に、悩むことはありません。

なぜなら、判断基準に優先順位があるからです。例えば鶏肉しか食べない、サーモンしか食べないとか、昼はマグロと納豆と玄米しか食べないと決めていれば、迷う必要はありません。自分で決めた明確な意志を持っておくこと。これも、思考力の1つです。

例えば、婚活をする場合も、顔、身長、性格、収入と、選択肢が多いと、理想の相手に出会うことはできません。

そこで、この場合も、判断基準を絞ることが重要です。

例えば優先順位を経済力と性格とします。それだけでもかなり相手が絞られてきます。

その場合、どうして自分は経済力と性格を優先するのか、そこをよく考えて判断基準を決めることが重要です。

もちろん両方を満たしているのがベストですが、そういう人は、なかなかいません。経済力があっても性格が合わなかったり、性格は合っても経済力がなかったりします。

婚活に限らず、仕事、資格取得、転職、引っ越しなど、選択が必要な場面は、人生においていくらでもあります。常に優先順位を意識することで、思考力は鍛えられていくのです。

目標を達成するための逆算思考をする

また、思考力を鍛えるために重要なのは、まず目標設定をすることです。ランチ選びの話にたとえるとするならば、「体を絞る」という目標があるから食事の優先順位がつけられるわけです。

目標設定は、必ず志が高い目標を作るべきです。これは多くの経営者や成功者が全員、言っています。

ユニクロの柳井正さんは年商が80億円の時に売り上げ１兆円を目標に掲げ、ＧＡＰを超えて世界一のアパレルメーカーになると言っています。結果的に今、売り上げが2兆円あります。

僕も偏差値が35の頃から、早稲田・慶應に行きたいとか、会計士になりたいといった目標を持っていましたし、文章を書くことは特に得意ではなかったですが、いつか本を出版したいと思っていました。結果的に公認会計士の資格も取得し、著書は現在累計48冊、60万部発行となっています。

このように、なぜ目標を持つことが、思考力を鍛えることになるのでしょうか。それは、ビジネスや勉強は、成功の姿を思い描いて、逆算型で目標を達成していくものだからです。そしてただ成功の姿を思い描くだけではありません。どうしたら目標を達成できるのか？　その方法を考えます。それが思考力を鍛えることになるのです。

正しい比較と掛け算思考を

思考をする時に、大切なのは、レベルを揃えて考えることです。そうしないと、意味のない比較をしてしまいがちです。

以前、ニュース番組を見ていた時に、「アフリカは9億人以上の市場があるので、消費の市場は、日本の9倍以上だ」というVTRが流れました。

しかし、その時、コメンテーターが「それは間違っている。アフリカは54カ国あり、その合計が9億人だ。日本ではなく東アジアで捉えれば、36億人になる。レベルを合わせて議論をしなさい」と言ったのです。

なるほどと思いました。

レベルを合わせず議論してしまうということは、ビジネスの場でもよく起こることです。例えば高卒と大卒の年収の比較をしたり、会社員と経営者の比較をしたり。何かを比較する時には、比較するもの同士のレベルを合わせなければ、比較の意味はありません。

また、自分と他人を比べてしまうことは、多くの人がしてしまうことだと思いますが、自分と他人を比較することには、意味がないと思っています。

僕が好きな言葉に、「優れるな、異なれ」という言葉がありますが、これは自分と他人を優劣で勝負するなということです。

他人と比べたら負けです。

なぜなら、何かにおいて自分より優秀な人、優れている人は必ず存在するので、比較しても意味がありません。ですから、比べた時点で負けなのです。

健全な劣等感というのは、理想の自分と今の自分の比較から生まれるのであって、他人との比較ではありません。

オンリーワン思考とは

他人と優劣で勝負すれば、ナンバーワンを目指すやり方となり、レッドオーシャンになります。そうではなくて、オンリーワンになるためにどうすればいいかを考えることが大切です。

例えば、社内で１００人中１番になりたいのであれば、１００分の１を目指すのではなく、10分の１になれるものを２個見つけて１番になるという掛け算思考が大切です。

１万分の１の人になりたいのであれば、１００分の１を２個見つけることです。もし１００万分の１の人になりたいのであれば、１００分の１を３個見つければ、「１００分の１×１００分の１×１００分の１」で１００万分の１です。

僕は、何事もこの考え方をベースにして行動しています。

もともと僕は、年収１億円を目指していましたが、公認会計士になって、会計士として独立しなかったのは、会計だけでは、年収1億円にはなれないからです。

年収1億円を超える人は、1万人に1人です。会計士1万人の中で1番になれば、年収1億円も可能でしょうが、会計士で1番になるのは至難の業です。そこで、会計だけでなく、違う分野である出版を、会計と掛け合わせたのです。現在、僕は会社3社のオーナーで、本を48冊出版し、累計60万部に達していますが、会計士の仕事をしながら、ここまで多くの本を出版している人はいません。

今後は、ますますこの掛け算思考が大事になってきます。営業と物販、SNSとグルメ、節約と投資など、何かと何かを掛け合わせる掛け算思考で、人と違った力を身に付けることが重要です。

1つの分野でオリジナリティーを目指し、1万分の1になることは難しいかもしれませんが、掛け算思考という考え方をベースに、100分の1×100分の1で1万分の1を達成することは、1つの分野で1万分の1を達成することよりも簡単です。

では、どうすれば、「オリジナリティー」を得られるか。そもそも、「学ぶ」という言葉は、「真似ぶ＝真似をする」からきた言葉です。1つのことを学んだだけでは、ただの「真似」ですが、「真似」と「真似」を掛け合わせることで、オリジナリティーが生まれます。

何か小さい分野でもいいので、100人中1番を積み重ねていくのが非常に重要です。

例えば、会計士はずっと勉強ばかりしてきたので、プレゼン力とかコミュニケーション能力が弱い人が多いわけです。そこで、会計士として100人中1

番になり、コミュニーション能力も100人中1番になれば、100×100で10000人となり、1万人の中で1番になれます。

今、僕は、公認会計士でもあり、会社3社のオーナーでもあり、経営コンサルタントでもあり、「YouTube図書館」というYouTube動画も発信しています。つまり「公認会計士×会社3社のオーナー×経営コンサルタント×作家×YouTuber」というオリジナリティーある肩書を持つことで、オンリーワンの地位に立てているというわけです。

ところで日本で一番高い山は富士山ですが、みなさんは2番目に高い山をご存じですか？　2番目が北岳、3番目が奥穂高岳です。登山が趣味という人にとっては常識ですが、一般的にはほとんど知られていません。

つまり、1位しか人々の記憶に残らないのです。1位以外は、2番も100番も同じ。だからこそ10分の1でもいいから1番を目指すこと、そしてそれらを掛け合わせることが、僕は非常に大事だと思っています。

思考力の中でも大事な要素は解釈力

「事実は1つ、解釈は無限」という言葉を、僕はいろいろな本で言っていますが、この言葉は起業して間もない頃、億万長者に会う機会があり、その人に教えてもらった言葉です。

その人は、フェラーリに乗って高速道路を走っていたら、事故ってしまったそうです。でも、その時、「よっしゃあ」と喜んだというのです。つまり、事故にあって車はぺちゃんこになったのに死ななかったので、最高だというのです。

人によっては、全く同じ事故でも、車はボコボコになり最悪だと思うでしょう。しかし、何事も解釈次第だというのです。

失敗を失敗と捉えるのか、成功の手前や学びと捉えるのか。それによって物事の見え方は変わってきます。

学生時代、公認会計士試験に合格できるのは、受験者の中の10％しかいないと聞いた時、僕は「10人に1人も合格できるんだ」と思いました。「10人中1人しか受からないの？」とは思いませんでした。

例えば志の高い目標を周囲に伝えた時に、「99％無理だから現実的な目標を立てたほうがいいよ」と言われるかもしれません。しかし、多くの成功者、一流の人間は、その1％を信じて行動に移します。

サッカー選手の三浦知良さんは、高校時代、学校を中退してブラジルに行くとサッカー部の監督に言った時に、「100％とは言わないが、99％は無理だ」と言われたそうです。すると、15歳の三浦選手は、「1％あるんですね。それなら、その1％を信じて行ってきます」とブラジルに渡りました。

また、これはあまりにも有名な話ですが、発明王のトーマス・エジソンは、2万回の失敗を経て電気を発明しました。記者が、「どうしてそんなに失敗を繰り返しても諦めなかったんですか？」と聞いたところ、エジソンは、「私は一度も失敗していません。成功しない方法を数多く発見し続けてきただけです」と答えたそうです。

つまり、失敗を失敗だと捉えず、成功の過程であると捉えました。同じ情報、同じ言葉を受けてどう解釈するかで大きく人生が変わります。

まさにそれが成功する秘訣ではないでしょうか。

ですから、思考力で大事なのは、できない理由を考えるのではなく、どうしたらうまくいくのか、できる方法を常に探して考えることなのです。

第3章

【表現力】思考やアイディアは「アウトプット」しよう

AIにはできない伝える能力を磨く

今の若い人は、表現が苦手な人が多いようです。プレゼン力がない、文章を書けない、アイディアが出ない……。つまり、アウトプットが苦手なのです。

表現力＝アウトプットは、インプットとは対極にあるものです。

例えば、インプットは基礎知識を頭に入れることでもあります。義務教育や大学受験で学ぶ国語、数学、英語、歴史のように、漢字や公式、単語をひたすら暗記するものです。

ゲームにたとえると、クイズやパズルのように、正解が決まっているようなものがインプットです。

一方で、アウトプットとはレゴのようなもの。正解がなく、いろいろな形で組み立てることができます。

そして、仕事は９割がアウトプットです。営業をする、会議で話す、企画書を書く、後輩の指導をするというように、正解がありません。仕事の案件や仕事相手によっても違いますし、その人の性格によっても違います。

新商品を営業する時に、ロジカルに攻めるか感情的に訴えるか、どちらが正解ということはありません。

しかし、若い人は、このアウトプットが苦手です。これは義務教育や大学受験で、ひたすら暗記を繰り返し、情報収集だけに力を入れ、ディスカッション能力が鍛えられなかったというのが原因の１つのようです。

もちろん、仕事ができる人はアウトプットも得意という人が多いです。が、例えば、僕のように「YouTube 図書館」という自分のチャンネルのために、毎日２冊本を読んで、１冊について10分程度の書籍紹介の解説を即興で話せる人は、ほとんどいません。

これからの時代、表現力がないのは、致命的です。なぜなら、表現力こそAIが不得意な分野だからです。

AIが苦手なこういった力を使った創造的な仕事こそ、人間に求められている仕事です。新商品を開発したり、新しいアイディアを出したりすることは、AIにはできません。

特にこの章では表現力、つまり相手に伝える力について、お伝えしていきたいと思います。

「お客様に伝える」「部下に伝える」「上司に伝える」「周りの同級生に伝える」「家族に伝える」「子どもに伝える」……。表現力を鍛えるために、まずは「伝える」ということを意識するようにしましょう。

言葉本来の目的は、自分の意見を伝えること

物事を伝えるために、人間は言葉という手段を持っています。

言葉をコミュニケーションの道具としてしか考えていない人がいます。確かに言葉は、人とコミュニケーションをとるために必要な手段です。しかし、それは本来の目的ではありません。言葉はあくまで自分の意見を伝えるためのものです。

そして、さらに言葉で物事を伝えるためには、「何を」伝えるかがまず重要になってきます。つまり自分の中で、意見を育てる必要があります。

心理学では、発声を伴う言語を外言（外言語）、頭の中で考える時の言語を内言（内言語）といいますが、これは「外なる言葉」と「内なる言葉」とも呼ばれています。

「伝える」というと、雑談の本や、会話力の本などで、コミュニケーションの

秘訣といったような小手先のテクニックを学んでいる方が多いですが、本当に伝える力をつけるには、外に向かう言葉「外なる言葉」を磨くのではなく、まずは「内なる言葉」を磨くことが大切です。

つまり、本当に今、自分が何を考えているのか、何を思っているのか、自分との対話をすることが大切です。

例えば、名言集を読んで、その内容をコピペして言葉でアウトプットをしても意味がありません。その言葉を聞いて、なぜそれに自分は感銘を受けたのか、その言葉のどこに賛成なのか、どこに反対なのか……。これらを自分の頭、つまり内なる言葉で考え、自分の思ったことをまとめて初めて、「自分の意見」となるわけです。

では、「内なる言葉」をどうやったら磨くことができるでしょうか？　内なる言葉を磨く方法を僕と一緒にやってみましょう。ペンと紙を用意してください。

最初に、頭の中にあることを書き出してみます。「これからどのように生きていきたいか」という質問に対する答えを紙に書き出してみてください。
例えば仕事で成功したい、他の人と違うことにチャレンジしたい、世の中をあっと言わせたい、趣味と仕事を両立したい、同期で一番になりたい……。できるだけたくさん書いてください。

次にその答えの中の１つを取り出して、考えを掘り下げていきます。例えば先ほど書いた中から１つ「仕事で成功したい」をピックアップしてみましょう。そして、それは「なぜ？」なのか。そして、「本当？」なのか。それで、「どうなりたいのか？」を書いていきます。

多くの人は、「仕事で成功したい理由は何か？」という「なぜ？」で止まってしまい、「本当？」なのか、「どうなりたいのか？」についてまで考えることができません。
「なぜ？」↓「出世をして年収を上げたいから」
「どうなりたいのか？」↓「家族をハワイに連れて行きたい」と深掘りしてみましょう。

次に、その答えをさらに深掘りして、「なぜ、家族をハワイに連れて行きたいのか？」を考えて書き出していきます。

これをすることにより、内なる言葉を育てることができます。

逆転の発想と、他人の視点を取り入れる

さらに、内なる言葉を育てるために必要なのは、逆転の発想を取り入れることです。自分の常識は、先入観の塊であると思ってください。間違っている可能性があります。

そこで、自分が最初に書き出した答えとは逆の視点で考えることが大切です。

例えば、「仕事で成功したい」という言葉が出てきたら、「成功よりも自分のお客様を幸せにする」というように、真逆のことを考えます。

「世の中をあっと言わせたい」であれば、「一人一人に寄り添う仕事をしよう」とか、「同期で一番になりたい」のであれば、「同期なんて気にせず、自分と向き合うべき」というように、真逆のことを考えることで、自分の足りない箇所に気が付くことができます。

そして最後に、他人の視点から考えます。「あの人だったらどう考えるか」。例えば上司だったり、取引先だったり。家族、先輩、成功している人など。

家族は、もしかしたらハワイに行きたくないかもしれないし、同期は、「俺はおまえと勝負してないよ」と言うかもしれません。

このように言葉を生み出すプロセスとして、アウトプットをして深掘りし、逆転の発想をすることで、他人の視点から考えるようにしましょう。

また、逆転の発想が出てこない、他人の視点が分からないという人は、あきらかに勉強不足です。どんなにアウトプットをしようとしても、自分にインプットされているものが少なければ、出てくるはずがありません。

いいアウトプットをしたいと思うのなら、他人の3倍のインプットを心がけましょう。

本を読んだり、YouTube の動画を見たり、結果が出ている人の話を聞いたり、意識的にたくさんのインプットをすることが重要です。

アウトプットで表現力を磨く

情報をインプットすることで、内なる言葉が充実してきたら、次に、インプットしたものを、誰かに話してアウトプットをしていきます。

僕は現在「YouTube図書館」というチャンネルを開設し、1日2冊の本を読み、書籍の解説動画を撮っています。しかし僕は、もともと人前で話をしたり、プレゼンテーションをするのが苦手でした。

しかし、起業当初、話せないと、起業家として成功しないことを学び、毎日動画撮影をしたり、セミナーを開いたり、1日10時間、話す練習をしました。どうしたら、みんなに自分の考えが伝わるのか？　それを考えながら日々動画を撮影したり、セミナーを行ううちに、声の出し方に気を付けたり、表現力も磨かれていきました。ちなみに動画はこれまでに3000～5000本は撮っています。

表現力を磨くためには、とにかく実践するしかありません。もし、話し相手がいない方は、ぜひSNSを使ってみてください。X（旧Twitter）で文章を書くとか、YouTubeに動画をアップするといった方法がおすすめです。
日記を書いたり、手帳にメモをしたりしてもいいですが、人を相手にしたり、人の目に触れるもののほうが断然おすすめです。

とはいえ、多くの人は、話すことに対してコンプレックスを持っています。プレゼンの場や初対面の人と話すのがすごく得意なんですという人は、あまりいません。

しかし、ビジネスの現場や仕事の現場において、コミュニケーションは非常に重要です。なぜなら、話せないというだけで、仕事ができないという印象を与えてしまうからです。

動画で撮影して、何度も練習しよう

日本では、昔から以心伝心というように、「言わなくても分かるよね」という文化があります。しかし、そんなことは一切ない、と僕は考えています。言わなければ分からないし、言っても伝わらなければ、何も言っていないのと同じです。

そこで、相手に分かりやすい話し方をすることが大切です。言葉だけでなく、ボディーランゲージを使ったり、声の大きさや抑揚などにも気を付けながら、聴覚情報と、身振り手振りや表情などを駆使して、コミュニケーションをとることを意識しましょう。

また、相手に分かりやすく話すために意識してほしいのが、ダラダラと長く話さないということです。

人の集中力がどれくらい続くか、みなさんはご存じでしょうか。実は、たった15秒程度と言われています。ですから、テレビＣＭの多くは、15秒で作られているのです。

ＣＭプランナーは、視聴者が集中できる時間内に、この商品いいですよと、簡潔に伝える工夫をしているわけです。そこで僕も、要点を15秒でまとめて話すようにしています。

15秒というと、すごく短いように感じるかもしれませんが、そんなことはありません。例えば、アナウンサーは1分間に大体350文字話すそうです。原稿用紙1枚弱です。

そこでスピーチの起承転結のそれぞれを15秒ずつ話せば、大体1分にまとまります。

また、話がうまい人や説明上手な人は、マクロな視点を持っています。例えば映画を見たり、本を読んだりした時に、印象に残ったシーンを話すだけでなく、起承転結であらすじをきちんと伝わるように話せます。

そこで僕が実践している方法としておすすめなのが、「なぜ」と「要するに」という言葉を使うことです。実は、この2つは、東大生の口癖のベスト1、ベスト2だそうです。

常に原因を考え結論をまとめるわけです。僕の場合は、これに「例えば」をプラスして、話を分かりやすく、論理的な会話ができるように心がけています。

特にプレゼンの場合は、これらの表現を意識するとよいでしょう。そして、スマホで自分が話している様子を動画で撮り、自分で何度も見返して、話の内容だけでなく、身振りや手振り、顔の表情もチェックしてください。

プレゼンというのは何度も練習することによってうまくなります。話したい内容を事前に明確にし、話す練習を徹底して行うといいでしょう。

人と話す時は、「聞き手」を意識

人とのコミュニケーションが苦手な方に意識してもらいたいことは、まず、人は自分の話をしたいものだということです。そこで、話す力も大切ですが、聞く力を身に付けることも重要になります。

聞く力とは、単純に相手の言うことを理解するだけではありません。

例えば、もしあなたの話し相手が、「私、コブクロのファンなんですよ」と言ったとします。この時、話す力を意識している人は、「コブクロはストリートからスタートしましたよね。私もストリートミュージシャンの歌を聴くのが好きなんですよ」と自分の話に持っていこうとしがちです。

しかし、相手は、本当はコブクロについて話したいことがあるのです。それなのに話題を奪ってしまったら、相手は自分の話ができなくなってしまいます。

さらに、注意したいのは、ここで「いつからファンですか？」「おすすめの曲は何ですか？」というように質問してしまうと、相手が本来話したかった方向からそれてしまう可能性があるということです。

ですから、人の話を聞く時はいきなり質問をしたり、聞きたい方向に誘導したりせずに、「そうなんですね、ファンなんですね」と相手の話を受け入れ、話し手がどの方向に話を進めたいのかを見極めることが大事です。

そうすれば、その人は自分の言いたいことを話すことができます。話したいことを話せるからこそ、会話は盛り上がるものです。

また、人の話を聞く時は、笑顔でうなずくことも大切です。人前で話す時は、誰でも緊張するものです。そんな時に笑顔でうなずいてくれる人がいたら、話しやすい雰囲気になるし、相手も、気持ちがいいものです。

さらに、相づちを打つ場合には、否定をするのをやめましょう。否定的な意見を言うと、相手は、それ以上話をしたくなくなってしまいます。

相手の話を引き出すには順番がある

コミュニケーションが上手な人は、相手がどんどん話したくなる話し方をしています。

相手の話を引き出すには、相づちの順番があります。それが、「感嘆、反復、共感、称賛、質問」です。

1つ目の「感嘆」ですが、これは相手の話を聞いた時に受ける感銘を表現します。言葉の後に、ビックリマークとか、ハートがつくイメージです。さらに「そうなんですか」ではなくて「そうなんですかあ」と語尾を伸ばすことで、しっかりと言葉に感情が入ります。

2つ目の「反復」は、相手の話を繰り返すことです。「私、カレーが大好きなんです」と言われたら、「おお、カレーいいですね」と、話を反復することで相手は次の話をしやすくなります。

3つ目の「共感」は、相手の話に感情を込めて理解を示すことです。「分かります」「大変でしたね」「よかったですね」など、相手の感情に寄り添う表現をしましょう。深くうなずき、相手と同じ表情をしながら、時に勢いよく、時に静かに言うのがポイントです。

４つ目の「称賛」は、相手を評価することです。「すてきですね」「すごいですね」「さすがですね」と、感情を込めて相手を乗せながら話しましょう。

そして、最後の「質問」ですが、これは、具体的な質問ではなく、相手の話を中心に展開させていくために、「それで、それで？」とか、「それからどうなったの？」というように、相手の話を追いかけるような質問を投げかけるということです。もし、相手の悩み相談を受けているのであれば「今は大丈夫？　つらくない？」といったフレーズも質問にあたります。いいタイミングで質問が入ると、相手の話に、どんどんドライブがかかっていきます。そして、相手は無理なく自然に話を展開していくことができるでしょう。

人間は、自分が思っている以上に相手の反応を気にしています。それは、受け答えの内容だったり、表情だったり、声だったり、身振り手振りだったりします。相手が無反応だと、だんだんと話したいという気持ちがなくなってしまいます。

しっかりとリアクションを取るようにしましょう。

第4章

【読書力】すべての知識の「ベース」はここから得よう

読書量の差が年収の差になる

僕は、YouTubeを始めた頃から、1日に2冊、年間730冊の本を読んで勉強するようになりました。その読書習慣は今でも続いており、現在は、読んだ本について解説した動画を「YouTube図書館」というチャンネルにアップしています。

なぜ、たくさん本を読むのか。それは読書をすることで知識が増え、仕事の生産性やクオリティーが上がるからです。生産性が上がると、仕事が早く終わります。すると、ますます自由な時間が増え、読書をする時間が増えるというプラスのスパイラルが回り出します。

日本のビジネスパーソンは読書量が少なすぎる

ビル・ゲイツやウォーレン・バフェットのような大富豪を含む富裕層と、年収３００万円以下のビジネスパーソンの読書量を調べた研究データが、アメリカの「Business Management degree」に掲載されています。

それによると、富裕層の88％が１日30分以上ビジネス書などを読んでいましたが、年収３００万円以下の人は、わずか２％でした。

富裕層の86％が読書家で、富裕層の63％は、移動時間にオーディオブックやYouTubeを視聴しています。

そこで僕が日本のデータを調べたところ、日本では、20代、30代のビジネスパーソンは、１カ月に平均０・26冊しか本を読んでいません。しかし、30代で年収３０００万円の人は、平均で９・88冊、本を読んでいました。その差は、38倍にもなります。

僕に言わせれば、時間がないから読書ができないのではなくて、「読書をしないから時間がない」のです。

「時間がないから読書ができない」というセリフは、僕は絶対に言ってはいけないことだと思っています。

実際僕は、毎日、朝起きたら本を読み、寝る前も本を読み、隙間時間も本を読んでいます。例えば、打ち合わせ場所には、できるだけ30分前に行き、読書をしています。

また、実はこれは分散効果といって、朝は通勤電車、昼はカフェ、夜は寝る前のベッド、おやつの時間はリビングで読むというように、場所を変えることによって、より理解力が深まるという利点もあります。

そもそも、仕事というものは、期日までに終わらせることが大前提です。徹夜をしても仕事は終わらせますし、その一方で、どんなに忙しかったとしても、毎日、食事も風呂も歯磨きも、必ずみなさんしています。

ですから、読書ができないのは、「時間がない」のではなく、読書や勉強の「優先順位が低い」ことにほかなりません。

知識や知恵があれば出世したり、独立することもできます。

雑誌『プレジデント』がまとめた「年収1800万円の勉強法」という記事に掲載されているアンケート結果によれば、40歳以上で年収1800万円以上の人は、月に平均5・4冊読んでいるそうです。それに対して年収600万円台の人は、月に平均2・5冊というデータが出ています。つまり、読書量が2倍の人は年収が3倍になる可能性があるということです。

このように読書と年収には相関関係があるのです。

年収を伸ばして幸せになりたい人、仕事で成果を上げたい人は、読書量を必ず増やすこと、読書の優先順位を上げるということが非常に大事です。

ちなみに孫正義さんは、起業した若い頃は、3年間で4000冊の本を読んでいたそうです。

ぜひ、これまで読書を習慣としていなかった人も、まずは週1冊でいいので読書に取り組んでみてください。週に1冊読めば、月に4冊、年間で48冊になります。もちろんただ読めばいいというわけではなく、学びを成果に変えることが大切ですが、まずは週1冊を習慣にしてみましょう。

読書は、いろいろな人の失敗と成功の気付きを学べる

例えば、プロスポーツ選手は、トレーニングに80％の時間を使い、試合に20％の時間を使うと言われています。

しかし、ビジネスパーソンは、そうではありません。多くのビジネスパーソンは、仕事にほとんどの時間を使っていて、勉強時間はごくわずかです。

例えば、1日8時間、週40時間働いて、1カ月160時間働いているとすると、読書時間は1％、1・6時間に満たない人がほとんどではないでしょうか。

つまり、仕事が99％で、読書はたった1％です。

試合に勝つためにプロスポーツ選手が練習をするように、ビジネスにおいても、学びなくして成功することはあり得ません。しかし勉強に費やす時間がごくわずかの状態では、成功できるはずがありません。

ここで言う「学び」とは、単に知識を入れるだけでなく、入れた知識をベースにして、自分で深く考えることです。深く考えることを、ラディカルラーニングと言いますが、これは第2章の思考力にもつながることです。このラディカルラーニングをすることが、本当の意味での学びとなります。そのためにも読書は必須の行為と言えるでしょう。

学生の頃は、「義務教育」で、嫌々勉強していた人も多いかもしれません。しかし、僕は、大人の学びは、「権利教育」だと考えています。

「権利教育」とは、自由な学びです。自分でテキストを決めていいし、目標も期限も、自分で決めていいのです。

学ぶことは、人に言われるからするのではなく、自分の権利です。ですから「権利教育」なのですが、そのベースとなるのも読書です。

読書は、本を通じて、さまざまな人の失敗や成功が学べます。特にビジネス本の内容は、仕事で成功している人の実話、ノウハウ、人生経験などがほとんどです。ですから、著者たちの10年分の知識や経験が、1冊の本、金額にしてわずか1500円程度で学べるわけです。

成功の理由というのも参考になりますが、僕が勉強になるのは、失敗した理由や、失敗した時の心構えです。

エジソンの2万回の失敗のエピソードを例に出すまでもなく、人間は、何かに挑戦する時、一発で成功するということはまずなく、成功する前に必ず失敗しています。

しかし、多くの方は、起業、ビジネス、転職など、失敗への心構えができていません。

例えば起業しても5年続けられるのは10％、10年後に生き残っていることができるのは１％とよく言われます。どこかで失敗して倒産したり、会社員に戻るのです。

しかし、読書で他人の失敗談や成功談を学んでいれば、自分が失敗したとしても、焦ることはありません。月収が下がる、会社が潰れる、リストラにあうなどといったことが、すべて想定内となるからです。

ウォルト・ディズニー、カーネル・サンダース、マッカーサーなど、世界的な偉人も、必ず失敗しています。このあたりのエピソードについては、『失敗図鑑　すごい人ほどダメだった！』（大野正人／文響社）という本がおすすめですが、これを読むと、偉人と言われる人たちが、失敗から何を学び、どういう心構えで行動して成功したかが分かります。

つまり、読書によって人の失敗や成功を前借りして学ぶことが、最短で成果を出すことにつながるのです。僕の「YouTube図書館」でも解説動画をアップしていますが、ぜひ本を購入して読んでみてください。

先にお伝えしたデータでも分かるように、今の日本人の多くの人たちは、圧倒的に読書量が足りていません。逆に考えれば、そこで読書をすれば、人と差を付けることができるというわけです。

読むだけではない効果的な読書法とは

これまでの著書でも何度かお伝えしていますが、僕は成功するには、「量・質・スピード」の3つが大事だと思っています。これは読書にも言えることです。

僕は大学受験に失敗し、結局2浪をして20歳で大学に入りましたが、その時、もっと早くよりたくさんの受験勉強をしておけばよかった、と心の底から思いました。

なぜなら、大学受験をする人が学年に数人しかいない高校に通っていたので、大学受験を目指し、本格的に受験勉強を始めたのは、高校３年生の夏休みからだったからです。

そこで、20歳以降は、勉強も仕事も、できるだけ早くたくさん行うように心がけてきました。今の書籍を読むスピードや量も、この20歳の時に学んだことです。同じ量をこなせる人が２人いた場合、早くから取り組んだ人のほうが、先に結果が出るのは、自明の理です。

ですので、これまで読書習慣がなかった人は、最低でもまずは週１冊から始め、どんどん読書量を増やしてほしいのです。

読書＋αで深く学ぶ

本を読む時は、まず読書の目的や目標を明確にすることが大切です。

転職のため、資格試験のため、コミュニケーション能力アップのため、思考力を鍛えるため、営業の成約率を上げるため、起業するため、お金をいくら貯めるため……というように、目的を明確にすることで、どんな本を読むかということが決まってきます。

例えば外資系に就職したい場合、英会話教室に通ったりして、英語のスキルアップをはかりますが、読書もそれと同じです。しっかりと目的を明確にすることが大事なのです。

最近の僕の場合、本を読むのは、自分のチャンネルである「YouTube 図書館」で視聴者に良書を紹介することが目的であることも多いです。これは、「金川さんがどんな本を読んでいるのか知りたい」という声が多くて始めたものです。

このように自分のためだけに本を読むのではなく、誰かのため、世の中のため、というように＋αの目的を追加する、というのもありだと思います。

人間、自分のためだけよりも、人のためのほうがモチベーションを維持できたりもします。

また、読書をするにあたって効果的な方法として、読書と並行して、自分がこれから読む書籍の解説動画を見ることをおすすめします。

僕以外にも書籍の解説動画をアップしている YouTuber などはたくさんいます。同じ本でも、解釈の仕方や、参考になった点などは、紹介する読み手によって違ってくるので参考になりますし、自分以外の視点を取り入れることで、理解も深まります。

さらに、読書と並行して行ってほしいのは、自分が読んでいる本の内容に関連した動画を見ることです。YouTube 上で、営業のノウハウ、投資のノウハウ、転職のノウハウ、出世のノウハウ、考え方というものをアップしている人がたくさんいます。

これらの動画を1日1～2本見るというのも非常におすすめです。目で学ぶだけではなくて、しっかりと耳でも学ぶと、より理解力が高まります。

また、読書をする時におすすめしたいのは、「ウォーリーをさがせ遊び」と僕が呼んでいる方法です（笑）。

本を読んでいると、時々、前に別の本で読んだ内容と、表現は違っても同じことを言っている記載を見つけることがあります。僕はこれを「ウォーリーをさがせ遊び」と呼んでおり、読書が「最高に楽しい！」と思える瞬間の1つはこういった時間にあります。

読書をしていて、似ている内容、同じ内容を見つけた時は、「これ、あの本でも同じようなことが書いてあったな」と本当に興奮します。

読書は、このように「ウォーリーをさがせ遊び」や、犯人探し、鬼ごっこのような側面があります。毎回、今までに読んだことや知っていることと同じことがどこかに書いていないかな、という視点を持つと、途中で挫折せずに読書をすることができるのです。

読書をたくさんしている人、勉強をたくさんしている人は、これはこの本にだけ書かれている内容なのか、他の類書にも書いてあるか、共通点や相違点も見えてくるので、多面的な視点も身に付けることができます。

本は読む前に内容を予測し、3回読む

続いて、具体的な読書の仕方ですが、僕が実践しているのは、1冊の本を30分かけて3回読む、という方法です。

まず、本を手に取ったら、表紙から本の内容を予測します。表紙には、本の内容についてのたくさんのヒントが隠されています。

例えば、『はじめての人のための3000円投資生活』（横山光昭／アスコム）という本であれば、そのタイトルから、この本は3000円から始められる投

資の方法について書いてある本だと予想することができます。

投資には、たくさんのお金が必要なイメージがありますが、このタイトルから、この本には、意外と少額（＝３０００円）からでも取り組めることが書かれているんだろうな、ということも分かります。

また、『ＡＩ vs. 教科書が読めない子どもたち』という本であれば、この本は、ＡＩは教科書が読めるのに、最近の若者はなぜ教科書が読めないのかが書かれている本だと予測できます。


もちろん、タイトルから想像できる内容を裏切るような作りをしている本もたくさんありますので、この予測は当たっていても、当たっていなくてもどちらでもかまいません。まずはタイトルから予測して、思考力を鍛えることが大切なのです。

そして、カバー、帯、タイトル、著者名など、初めて見る単語や著者の場合は、自分で言葉の意味や著者の略歴を調べます。

続いて目次を見て、本にどんな内容が書いてあるかをざっと確かめた後、「はじめに」と「おわりに」を読みます。「はじめに」には、著者がこれからどういう主張をするかが書いてあるケースが多いからです。

そして、「おわりに」を読むことで、本のゴール、目的が分かります。

そこまでを行ったら、いよいよ読み始めます。1回目は速読です。

本に書かれていることの中で重要なことは、僕は2割だと考えています。200ページの本であれば40ページです。この40ページがどこなのかを見つけるのが1回目の速読での作業です。

1回目で取捨選択したページには、付箋を貼ったり、マーカーを引いたり、僕の場合はドッグイヤー（折り目）を付けています。

2回目に、この印を付けた部分を真剣に熟読します。この時に僕がするのが「芸能記者読み」と呼んでいる方法です。本を読むのではなくて、本を取材するように読むのです。

例えば、誰か芸能人が不祥事を起こした時に、芸能記者は、その芸能人に「何でそんなことしたんですか」などと、いろいろ突っ込みます。ああいうイメージで本を読むのです。

本を読みながら、「これ、本当？」「これ、どういうことなの？」「何でこういうこと言うの？」というように、質問をしたり、議論に参加したり、本と対話をします。


3回目は、「要約読み」をします。これは、読んだ後にこの本に何が書かれていたのか、30～40文字で言えるようになることを意識しながら読む方法です。

学びを成果に変えられない人は、「分かった気になっている」人です。みなさんも、過去に読んだ本で、内容を覚えていない本や、身に付いていない本がたくさんあると思います。

一言で本の内容を言い表せなければ、分かっていないのと同じなのです。

例えば最近読んだ本の内容を思い出してみてください。その本で一番何を伝えたかったかを話せなければ、読書をしている意味はありません。

その本の中で、一番価値の高いところ、著者が熱い思いで世の中に伝えたいメッセージを読み取ります。

そして、本当に、その本を理解できているかを知るために、30文字とか40文字で要約できるかどうか、どうやって内容を人に話したらいいかを意識しながら読むのがこの3回目です。

1回目の速読が10分、2回目の2割の熟読が10分、最後の3回目の要約読みが10分、合計30分で、1冊の本を読み終えます。

本の読み方には、マクロ読みとミクロ読みの2つがあります。しかし、多くの人は、ミクロ読みの視点しか持っていません。開いているページ、文章を1

文ずつ理解しようという読み方です。

この読み方で読むと、本を読んでいる時は理解できるのですが、全部読み終わった後に、結局何を伝えたかったのかが分からないことが多いのです。そこで、速読や熟読、要約読みでマクロの視点をプラスすることが大切なのです。

アウトプットまでが読書力

読書は、読むだけで終わりではありません。できれば読書はアウトプットまでをセットにすると、読んだ本の内容が自分自身により定着します。


ここでいうアウトプットとは、本を読み、自分がどう思ったか、どう感じたかというものを書き出していくことです。

僕は、YouTubeにアップするためでもありますが、3回読み終わったあとには、1冊の書籍の解説を、大体1000文字から2000文字の文章にしています。

また、2回目の熟読の時は、自分の思い、感じたこと、疑問に思ったことなどもメモをしながら読んでいます。

そして、3回目を読み終えたら、すぐアウトプットをします。なぜなら、アウトプットをしないと脳に定着しないからです。僕の場合は、「YouTube図書館」にアップする動画を撮影することで、アウトプットをしています。

動画撮影の前に、特に解説したい部分を20ページぐらいに絞り、余白部分にまずは本全体の要約を書き、自分が感じたこと、新しい気付き、疑問に思ったことを書き入れます。

また、本を読みながら、自分の体験に重ねて落とし込める部分があれば、具体例を書き込みます。例えば中学校の野球部時代の経験、高校生で音楽をやっていた時の経験、大学受験、公認会計士試験などです。

このように、実際に本に手で書き入れることで、頭の整理もでき、書籍の内容が腑に落ちるのです。

学生の場合は、定期的にテストがあるので勉強したことをアウトプットできますが、社会人はテストがないので、学んだことをアウトプットする場を自分で作る必要があります。

そのために、読んだ本の内容や、そこで学んだ内容を書き出しておく、つまりアウトプットしておくことは、とても重要です。

読書で得た知識を自分のものとして使いたいのであれば、インプットだけではなく、必ずアウトプットすることが大事なのです。

第5章

【数字力】明確に正しく「事実」を知ろう

数字はビジネス界の世界共通言語

大学受験などでは、よく「文系」「理系」という言葉が聞かれますが、この本を読んでいる方は、圧倒的に文系の人が多いのではないでしょうか。なぜなら文系の大学、学部を卒業した人たちの進路としてビジネスパーソン、理系の大学、学部を卒業した人たちの進路としてエンジニアが一般的だからです。

高校時代の進路で、文系・理系に分かれる時、数学や物理が苦手だから、歴史などの暗記物が得意だから、という理由で文系の経済学部や商学部、法学部などに進学し、そこを卒業したというビジネスパーソンは、とても多いです。

そのため、ビジネスパーソンは数学が苦手という人が多いのですが、ビジネスパーソンこそ、数字や数学に強くなることが大切です。

ビジネスの世界は数字で成り立っています。

数字は世界共通です。

業界・業種の違いを超えて、あらゆるビジネスで使われている共通言語です。

数字が苦手という時点で、ビジネスの世界で勝つことはできません。

文系ビジネスパーソンは、ＭＢＡの資格を持っていたり、高い英語力よりも数字が読めるほうが、圧倒的に仕事に役立ちます。

数字を知ることで、客観的判断ができる

例えば、昔からある詐欺の手法で、ポンジスキームというものがあります。

これは、１９１０年代から１９２０年代にアメリカで活動したビジネスパーソンであり詐欺師でもあったチャールズ・ポンジという人が編み出した詐欺手法で、驚くべきことに、日本では、いまだにこの詐欺が横行しています。ビジネスパーソンはもちろん、芸能人や有名人でも、かなりの人がだまされています。

詐欺師からは、まず、高配当の投資案件を持ちかけられます。例えば、１００万円を最初に一括で出資をすると、３年後に元金が戻ってくるまで、毎月10％の配当金がもらえると説明されます。つまり、１カ月10万円ですから、１年で１２０万円の配当金がもらえるというわけです。

３年間で３６０万円の配当金と、出資金の１００万円が戻ってくるので、１００万円が４６０万円になるという計算です。

ポンジスキームは、大体２００万円からということが多く、２００万円を一括で預けると、毎月配当金が20万円もらえます。

そして、この詐欺の巧妙なところは、最初の数カ月は、きちんと配当金が支払われるというところです。

１カ月目で20万円の配当金が支払われ、２カ月目も20万円が支払われます。そうすると、だまされる人はすっかりこの詐欺師を信用してしまい、さらに３００万円、５００万円と出資金を出してしまいます。

しかし、その３００万円、５００万円の配当金を１～２回払ったところで、相手は消えてしまいます。つまり連絡が取れなくなって、初めて詐欺だと気が付くのです。

しかし、世界最高の投資家のウォーレン・バフェットでも年22％の利益しか得られないと言われています。つまり、それ以上においしい話というのは、基本的にウソなのです。

例えば、みなさんが大根を買う時に１本５０００円と言われたら、絶対に買わないと思います。なぜ買わないかといえば、相場を知っているからです。

ではみなさんは、投資の相場を知っていますか？　年収の相場、貯金の相場、世界の税金の相場など、すべてにおいて数字があります。

それだけではありません。投資の世界には、単利と複利があります。アインシュタインが人類最大の発明と言ったのが複利ですが、単利と複利が、実際の金額でどれくらいの違いになるかを知っていますか？

１００万円を年５％で30年間運用した場合、単利の場合は２５０万円になります。しかし、複利の場合は約４３２万円になります。

単利の場合は１００万円に５％を掛け、５万円が毎年積み重なるので、５万×30年で１５０万円ですが、複利は、１年で１０５万円、２年後は、１０５万円に５％がつくので１１０万２５００円になります。そうやって、毎年１・05を掛けるので、利息も回せるわけです。

こういった数字の仕組みを知らないと、ビジネスの場でも損をしてしまうことになりかねません。

確率を使い、必要なものと不必要なものを分ける

例えば、ちょっとビジネスの話からはそれますが、保険に加入する時も、この数字力があれば迷うことはありません。僕が数字を用いて分析したところ、人生に必要な保険は3つしかありません。

保険の加入を考える時に必要な考えは、「確率」と「損失」です。この2つを縦軸と横軸にしてマトリックスで考えるべきです。発生する「確率」が低いのか高いのか。発生した時の「損失」が小さいのか大きいのか。この2つを軸にして考えるべきなのです。

このマトリックスの中で、どういった保険に入るべきなのか。当然、確率が低くて損失が小さいものに関して言えば、発生もしないし、仮に発生したとしてもダメージは小さいので、貯金でまかなうことができます。

また、確率が高くても損失が小さいものも、入る必要はありません。まさに医療保険も、病気やけがをする確率は高くても、医療負担は小さいので、これ

も入る意味はありません。

そして、確率が高くて損失が大きいというものは、そもそも、この世にはありません。例えば、ジェットコースターに乗った人のうち、10人に1人が亡くなるとしたら、誰も乗らないと思いますし、保険会社も儲かりませんから、保険商品としても成り立ちません。

そこで、加入すればいいものは、「確率が低くて、損失が大きいもの」となります。それは、「生命保険」と「火災保険」と「自動車保険」の3つです。

例えば、40歳男性の死亡確率は令和4年の厚生労働省の簡易生命表によれば、約0・1％です。40歳の男性の1000人に1人が亡くなったということです。

結婚して妻や子どもがいる方にとって、平均寿命まで生きた場合に比べて、損失額は数千万円から数億円にのぼります。

独身の方はいいかもしれませんが、自分が亡くなったら生活に困る家族がいる場合は、生命保険に入っておくのがおすすめです。

火災保険に関しては、総務省消防庁の消防統計令和元年に、1年間での住宅火災発生率が0・035％とあります。大体3000人に1人ぐらいなので、発生率としては低めです。しかし、損失額は数千万円から数億円です。

住宅価格だけでなく、周囲への影響や賠償価格次第ですが、リスクはかなり高いと言えるでしょう。

さらに確率として住宅火災よりも低くなるのは、自動車事故で人を死なせてしまう確率です。警察庁の交通局が出している令和元年の交通事故の発生状況によれば、0・0039％です。3万人に1人ぐらいですから、ほぼゼロに等しい数字です。

しかし、事の重大さでいえば、火災保険の比ではありません。車を運転する人は、自賠責保険だけでなく、任意保険にも加入すべきだと思います。

それ以外の保険に関しては、いろいろなものがありますし、いろいろな考えがありますが、お金を貯めるという観点で見れば、絶対に入らなくてはいけないわけではないと思います。

医療保険、養老保険、貯蓄型生命保険、個人年金保険、学資保険、ペット保険、地震保険、外貨建ての保険など、いろいろな商品がありますが、僕は基本的には必要ないと思っています。

ただし、貯金をしても使ってしまうタイプの人などは、積立型の保険に加入してもよいと思いますが、むやみやたらに保険に加入するのではなく、一度、数学的、確率的な観点から見直しをするとよいでしょう。

数字に強くなれば収入もアップする

企業のトップや、起業している人は、日々資金繰り表や利益などをチェックして、数字と向き合ってビジネスをしています。企業であれば、社長だけでなく、取締役、さらには営業部を中心に部長クラスの社員なども数字をよく見ていることでしょう。

しかし一般的な会社員となると、そこまで数字を見る必要がありませんし、見る機会もありません。どちらかというと、自分の仕事をしっかりこなすほうにフォーカスをしてしまいがちです。

ですが、トップの目、つまり数字を通して会社の状態を見ることを知っておくことは、転職、副業、起業など、何か自分が成果を上げるといった立場になった時にとても役に立ちます。そこで今は一般的な会社員の立場であったとしても、自分には関係ないとは思わず、しっかり学んで数字に強くなってほしいと思います。この数字とは、つまり会計の知識で会社の数字を読むことです。

僕も『すごい会計思考』（ポプラ社）、『80分でマスター！［ガチ速］決算書入門』『80分でマスター！［ガチ速］簿記入門』（ともに扶桑社）という本を書いていますが、会計の知識は一生使えるので、ぜひ学んでほしいと思います。

売り上げがあっても、倒産する会社がある

会社の利益には5つあります。売上総利益、営業利益、経常利益、税引前当期純利益、当期純利益です。この5つのことがよく分かっていない方は、正直言って会計の勉強不足です。

売上総利益は商品の儲け、営業利益は本業の儲け、経常利益は本業の儲け＋財務面での損益も加えたもの、税引前当期純利益は臨時的な特別損益を加味した後、法人税や住民税、事業税を払う前の利益、当期純利益はそれらの税金を引いて、最終的に残った利益です。

これらは、簿記3級の商業簿記という科目で習うものです。簿記3級は、商業高校の生徒が真面目に授業を受けて理解できれば合格できるレベルです。そして、簿記2級では、商業簿記にプラスして、工業簿記が試験に出ます。

工業簿記とは、簡単に言えば、工場での材料費の原価や、人件費、間接費と呼ばれる経費などを考慮してつける帳簿のことです。

工業簿記では、よく限界利益という話が出てきますが、この限界利益をしっかり学ばないと、ビジネスは黒字化しません。この限界利益とは、売上高から変動費を引いたものです。

固定費は、家賃や人件費など、売れても売れなくてもかかる費用で、変動費は、原価や出荷の送料など、売れれば売れるほどかかる費用です。

例えば売上高が１００万円で変動費が30万円だとしたら、変動費率は30％です。売上高が50万円であれば15万円、３００万円なら90万円です。利益を上げるには、固定費を抑えるだけでなく、この変動費も抑える必要があります。

また、最近では、売り上げが上がっているのに、現金がないという会社も増えています。

これを聞いて、どういうことなのか、すぐに答えの想像がつく人は、ある程度会計の基礎ができている人だと言えます。商売というものは、もともとは現金商売でした。昔は、ネット販売やクレジットカード払い、いわゆる信用取引というものはなかったので、すべてやりとりは現金払いでした。

現金払いの場合は、入金も出金もその場でするものなので、売り上げがあれば、その場でお金が入ります。しかし今は、ネット販売などはクレジットカード払いのように信用取引で行われるので、商品が売れても、カード会社からは1カ月遅れの月末に入金される仕組みになっています。

そうなるとどうなるか？　手元に現金がなければ、新しい商品を仕入れることができません。上場企業は、売上高の3カ月分ぐらいの貯蓄があるので、資金繰りが可能ですが、中小企業・ベンチャー企業は、売り上げの1カ月分程度しか蓄えがない企業も、たくさんあります。

そこで、近年のコロナ禍のように、休業要請がなされて1～2カ月収入が途絶えると、あっという間にビジネスが回らなくなる会社も多いのです。

仮に売り上げがあっても、手元にお金がなく、仕入れもできずにビジネスも駄目になり倒産するというのが、典型的なケースです。

会社員であっても、給料＝売り上げ、固定費＝家賃や光熱費、変動費＝交際費、娯楽費というように考え、一度収支を見直してみるとよいでしょう。先の大企業の考えになぞらえれば、個人であっても、貯蓄は最低でも給料の３カ月分は必要であると言えます。

決算書を読めるようにする

株式投資や転職で、特に役に立つのが、「決算書」です。決算書を読めるようにしておけば、業界のトレンドや勤め先の現状を客観的に分析できるようになります。

決算書を読むことで、自社と他社を比較できたり、高い成長率を誇る他社への転職を決意できたりします。また、起業したい人であれば、どういう事業で起業すれば成長性が見込めるかといったことも分析することができます。当然、投資にも役立ちます。

とはいえ、「決算＝難しい」と誤解している人が多いと思います。日本人の義務教育における数学力は非常に高いと言われていますが、ファイナンシャルリテラシーが欠けている人が少なくありません。

野球にたとえるなら、練習中のキャッチボールでは豪速球を投げていたのに、いざ試合となると全くストライクが取れないピッチャーのようなものです。

決算書を作るには、簿記はもちろんのこと、財務諸表という理論や会計に関する法律の専門知識が必要です。しかし、だからといってあまり難しく考える必要はなく、決算書はコツさえ学べば誰でも読むことができるのです。

決算書というと難しく感じますが、数字アレルギーのある人は、他人の家計簿をのぞくつもりで読むといいでしょう。決算書は、会社の家計簿。実はそれぐらい簡単なものなのです。

決算書には3つの種類があります。それが損益計算書（P／L）、貸借対照表（BS）、キャッシュフロー計算書（CS）です。

家計簿でたとえると、損益計算書（P／L）は、収入と支出が書いてあるもの。つまり収益、費用、利益といった企業の経営成績が記載されたものです。貸借対照表（BS）は、今の通帳の貯金残高、財布に入っている金額、ローンなどの負債、つまり企業の財政状態が記載されたものです。キャッシュフロー計算書（CS）は、収入と支出を現金ベースで記載されたもの、つまり営業活動や投資活動、財務活動によるキャッシュフローを記載されたものです。

損益計算書（P／L）とキャッシュフロー計算書（CS）の違いは、前者は収益や費用が発生したタイミングで計上し、後者は実際に入金や支出されたタイミングで計上するというところです。

例えばホテルのカフェで、アイスティーを頼んで、カードで決済をしたとします。カフェの売り上げにアイスティー代は計上されますが、実際の入金はクレジットカード会社から入る来月になります。

そこで収益や費用が発生したタイミングと、実際に現金での入金や支払いによるタイミングのずれを見るために、損益計算書（P／L）とキャッシュフロー計算書（CS）の2つがあるのです。

これら3つが並んだものは、株主向けにパワーポイントで分かりやすく作成された決算説明会資料に書いてあり、通常は会社のホームページに掲載されていますから、それを閲覧してみるといいでしょう。

そして、この説明会資料で読み方に慣れてきたら、次に決算書を短くして報告した決算短信や有価証券報告書を見られるようにしていきましょう。

決算書から企業の将来を予測する

企業の将来は、過去を正確に理解することで、ある程度の予測ができます。

決算は過去の1年間の数字をまとめたものなので、1年分だけでは、未来が明るいのか暗いのかの判断は、見る人の見方によってそれぞれ異なります。

そこで、過去の情報について圧倒的な量を集め続けると、事業の行く末を何となくでも読み取ることができるようになります。

まず行うべきことは、決算を四半期ごとにチェックすることです。上場企業は第1四半期、第2四半期、第3四半期、年度末決算という形で3カ月に1回決算報告をします。

続いて、成長率を確認します。これは株をやっている人であれば非常に重要ですが、株式市場では成長率がすべてです。A社とB社の売上高、利益額が同じでも、成長率の違いで株価に大きな違いが出るので、必ず成長しているかどうかを見るようにします。

続いて、1社だけではなく類似企業の決算も分析比較をします。

例えば、ECビジネスであれば、Yahoo!ショッピングと楽天市場、広告ビジネスであればFacebookとYahoo!などを比較するようにします。

さらに、1つの企業でも、どの部門の事業が伸びているかに注目します。例えばクックパッドは、決算を見ると、国内のプレミアム会員の純増数は減っていますが、海外の会員数が増えています。

食べログは、決算書を見る限りは、レストラン予約サービスにおける店舗の課金が増えています。ユーザー側としても、一度オンライン予約をしてしまうと電話予約にはなかなか戻れませんから、オンライン予約には、まだ伸び代があります。

このように決算書が読めると、企業の分析ができ、転職や起業にも役立ちます。ビジネスは数字です。数字に弱ければ、転職や起業など、仕事で不利な立場になりますので、ぜひ日々、数字力を身に付けるようにしましょう。

第6章

【当事者力】何事も他人事ではなく「自分事」として考えよう

当事者意識の有無が
プロとアマチュアの差になる

僕は、どんな組織でも、そこには2種類の人間しかいないと思っています。

それは、プロフェッショナルとアマチュアです。組織におけるプロフェッショナルの割合は20%で、残り80%がアマチュアです。

よく売り上げの80%は20%の商品が生んでいるとか、20%のセールスパーソンによるものであるとか、組織というものは2：8の法則に当てはめられると言いますが、まさに、この80%のアマチュアは、20%のプロのおかげで仕事がもらえていると思っています。

例えばアーティストにしろ、スポーツの世界でも、大体どの世界においても、20%のプロが輝かしい成績を出し、残り80%は、そのプロの周囲で派生する仕事で生活をしています。

では、そのプロフェッショナルとアマチュアでは何が違うのでしょうか。

答えはシンプルで、僕は、役職や才能、能力でもなく、「当事者意識があるかどうか」だと思っています。当事者意識とは、つまり当事者力のことです。

プロフェッショナルの人には、圧倒的な当事者力、当事者意識があります。

そしてこのプロとアマチュアに、年齢は関係ありません。

ですから20代、30代のプロフェッショナルもいれば、40代、50代のアマチュアもいるのです。

当事者力とは、広い視野を持てる力のこと

当事者意識がある人とは、その事柄に自分が直接関わっている人間だと認識している人です。

自分が関わる仕事や物事を、自分のものと捉えて取り組む姿勢が当事者意識です。言われたことだけしかやらないのではなく、言われなくても、積極的に

考えたり、動いたりすることができる人です。

任された仕事に対して、他人事に思ったり、やらされていると思っている人は、当事者意識が低いと言えるでしょう。

拡大解釈をすれば、当事者力とは、「誰かのために」「世の中のために」といった、広い視野を持てる力のことです。

もし、みなさんがプレゼンをする機会があった時に、例えば、前日にカラオケで喉がガラガラになったとします。そこで当日の朝に蜂蜜を飲んだり、喉を癒やすために何かをするというのは、自分のことに対しては当事者意識が高いと言えます。

しかし、仮にプレゼンをするもう1人の仲間もその場にいて、その人も喉がかすれていたとしたら、その人のことも自分事として捉えて、喉にいい蜂蜜飴を渡したりできるかどうかが、プロとアマチュアの違いです。

プロフェッショナルな人は、当事者意識の視点が広く、あらゆることを自分事として捉えています。

そしてその意識を持っているか否かで、ビジネスや仕事といったプロジェクトに対するパフォーマンスが大きく変わります。

例えば、プロジェクトを他人事に思っている部下は、自己都合の勝手な発言や振る舞いをすることがあります。当事者意識がなければ問題意識を持てず、意思決定もできません。当然、質の高い仕事もできません。

当事者の対義語は傍観者です。これは、「俺、関係ねえよ」と、事態をただ見ているだけの人です。

当事者には、自主的な行動が伴いますが、傍観者は、評論家のように単にコメントを言うだけにすぎないことが多いのです。

どこまで当事者意識が持てるか

この当事者意識の幅というのは、物事に取り組んだ際に、その人が本気かどうかのバロメーターにもなります。

仕事をする時に、その仕事は誰のためなのか。自分のためだけにしている人と、お客様のためにもしている人では、本気度も違ってきます。

ほとんどの人は、当たり前ですが、自分自身に対しては当事者意識を持つことができます。仕事も、自分の生活のために働いています。

その次に当事者意識が向く相手は、おそらく家族でしょう。家族がいない人は、基本的に収入は上がりづらいというデータもあるほどです。

独身の人でも、将来の家族のためにと思えるかどうかで、仕事などのパフォーマンスにも大きな差が生まれます。

その次は、プライベートから外れて、上司、部下、同僚のためです。

「上司にお世話になったから貢献したい」「自分が成長して、部下に勉強の大切さを教えたい」「仕事についてもっと教えられるようになりたい」「同期の中でナンバーワンになって、同僚たちにも仕事の秘訣を伝えたい」などなど。

そのあとに続くのは、仕事相手や取引先など、お客様の幸せのためです。ここまでの相手に当事者意識を持てる人は、かなりの少数派です。

以前、勉強会で参加者のみなさんにノートに目標を書いてもらったところ、ほとんどの人が自分自身についての目標しか書いていませんでした。

親友や恋人のためでもかまいませんが、自分が成長することだけを考えている人は、残念ながら当事者意識はとても低いです。

本当にできる経営者は、顧客がどうしたら幸せになるか、顧客がどうしたら成功するか、どうしたら今よりもいい世界が築けるか、会社や業界のために自分は何ができるのかを考えています。

自分の話で恐縮ですが、僕は自分を社会人として育ててもらった公認会計士の業界にはとても恩を感じていますし、何かしたいと常に考えていました。会計士の試験には受かっていたものの、大学を卒業して、社会人として、監査法人で3年間育ててもらったからです。何か貢献をしたいと考え『80分でマスター！［ガチ速］決算書入門』という本を2020年に出版しました。

本を読んだいろんな方から決算書の読み方が分かったという声をいただき、微力ながら会計士業界に対する恩返しができたと感じています。それが、僕が、会計士業界に育ててもらったという当事者意識なのです。

1961年、第35代アメリカ合衆国大統領のジョン・F・ケネディは、国民にこう言いました。「国があなたのために何をしているか、何をしてくれるのかを問うのではなくて、あなたが国のために何をなすことができるのかを問うてほしい」と。

つまり、一人一人の国民に対して、当事者意識、問題意識を持って、国を変えていってほしい、ということを伝えたのです。

国民は、国が何かを与えてくれるものと考えがちですが、それでは国民としての当事者意識がありません。自分こそが主役になって、国に何かを与える。その意識があるかどうかが、当事者意識なのです。

当事者意識が低い人は自力で解決せず他力本願

当事者意識の反対は、お客様意識です。日本人は、自分で何かをするのではなく、何かをしてくれると思うお客様意識が強いのです。

ミーティングや会議でも、教えてもらえるというスタンスで、自分で質問したり、より場を盛り上げたりするような自分が参加者という意識がありません。

さらに、何か問題が起こった時も、こうなったのは社会のせい、会社のせい、同僚のせい、家族のせいというように、誰かのせいにします。自分が主人公になっていないのです。

副業、転職、起業、不動産購入、投資……何だってそうです。誰かに反対されると、すぐにやめてしまいます。たとえていうなら、助手席や後部座席に座っている人は、当事者意識が低いのです。自分で何かを変えていこうという当事者意識や問題意識が欠けています。

当事者意識が低い人の特徴とは

ここで、当事者意識が低い人の特徴を、挙げてみたいと思います。当事者意識が低い人には、6つの特徴があります。

1つ目の特徴は、自己肯定感が低いということです。

自分はできる人間だとも思っていませんし、価値のある人間だとも思っていません。もちろん、自分のことも好きではありません。

仕事に対しても自信がなく、「どうせ失敗するだろう」と考え、自分で積極的に仕事に取り組もうとしません。また、自信がないために、失敗しそうな仕事は避けるようになります。

2つ目が、いつでも他力本願でいるということです。

当事者意識が低い人は、仕事に対しても、「自分が任された仕事」という意識がありません。「やらなきゃいけない」というように、誰かに強制されたmust思考なのです。

責任感も低いので、すぐに人に頼ろうとします。その結果、困ったことがあっても、自分で調べて解決するのではなく、すぐに人に聞いたり、できないと人に投げてしまったりします。

3つ目が、責任転嫁ばかりするという特徴です。

学生時代、テストの点が悪ければ、親のせい、家族のせい、脳みそのせい……

いろんな「せい」にします。

太ってしまえば、体質のせい、誘惑が多いせい、であって、体重管理ができなかった自分は、「棚の上」です。

本来、会社には、自分が働きたいから入社したわけです。ですから、当然、仕事に責任感を持つべきです。しかし、仕事をミスしたり、計画どおり進まなかったり、スケジュールを誤ったりした時は、自分ではなくて周りや環境のせいにします。


4つ目が、楽観的すぎることです。

ポジティブなこと自体は、もちろんいいことですが、楽観的すぎるというのは問題です。単に、物事を甘く見ている人です。危機感がありません。

スポーツでも勉強でも、甘く見ると必ず負けます。「あのチーム、超弱いから余裕」「大丈夫だよ、練習しなくても」という感じで、負けてしまいます。

また、楽観的すぎる性格の人は仕事で失敗した後の責任や損害なども考えられません。仕事に対して危機感が持てないので、当事者意識が低くなるのです。

5つ目は、意志の弱さです。

駄目だと思ったら、すぐに途中で諦めます。諦めてしまえば、そこで試合終了です。

継続していく意志の強さがなく、情熱もありません。スポーツでも「絶対に勝つ」とか、勉強なら「絶対に合格する」、仕事であれば「絶対に契約を取る」といった意志がないのです。ですから結果を残すこともできません。

6つ目、自己主張をしないという特徴があります。

周りに自分の意見を積極的に言うことがありません。ビジネス上でも周りの意見に流されるまま、他人の意見を軸に仕事をしています。自分事として仕事を捉えられず、仕事をやらされていると感じている人も多いです。

では、どうしてこのように当事者意識が低くなるのでしょうか。

それは、自分で責任を負いたくないからです。自分の責任から逃れるために、当事者意識を低くして、ミスをした時は、他人に責任をなすりつけるのです。

また、周囲の目を気にしすぎることでも、当事者意識は低くなります。人からの評価が怖いために、発言ができなかったり、行動もできなくなります。周りがいつでも助けてくれるような環境で育ってきた人も、頼ることに慣れ、当事者意識が低くなります。

人生は楽なほうへと流れる人や、仕事の本質や目的を理解していない人も当事者意識は下がります。

どうしたら当事者意識が身に付くようになるのか

当事者意識が高くなれば、積極性が高まって、自発的に行動できるようになります。仕事への意欲が上がり、仕事も楽しくなります。すべて自分事で捉えるため責任感が強くなり、プロ意識が芽生え、自分自身も成長します。

では、どうすれば当事者意識が高くなるのでしょうか。

まずは目の前の仕事に真剣になることです。

若い人は、「この会社でよかったのか」「もっと面白い仕事があるのではないか」と考えることが多いと思いますが、それは違います。

面白い仕事とつまらない仕事があるわけではなく、面白く仕事をする人とつまらなく仕事をする人がいるだけです。当然、前者が当事者意識が高い人で、後者が低い人です。

勉強も読書も、上司との飲み会も、当事者意識が高くなれば楽しくなり、低くなればつまらなくなります。

目の前のことに向き合い、面白い仕事を探すのではなく、目の前の仕事を楽しみながら真剣にやることが大切です。

例えば、もっと効率化ができないか、こうすればもっと質のいい仕事ができるのではないかと試行錯誤をし、自分なりの工夫を加えてみること。

特に新人や若い人は、仕事の8割が雑用だと思います。

しかし、当事者意識を持つには、この雑用から逃げないことが大切です。雑用こそ芸術的に、完璧に仕上げることです。

もし、その仕事で一流になりたいのであれば、雑用を完璧にこなして、「あいつに雑用させるのはもったいない」と言われることが近道です。雑用でナンバーワンになれない人は、他の分野の仕事を振られることもありません。

また、会社員は、仕事をしてもしなくても給料は変わらないという気持ちから、当事者意識が低くなる傾向にあります。

そこでもう一度、誰のために仕事をするのか、何のために仕事をするのか、なぜこの仕事でないといけないのか、自分の使命ややりがいなどをしっかりと持つことが、当事者意識を持つきっかけになります。

そして最後に、当事者意識を身に付けるために意識してほしいのは、やはりお金の勉強をすることです。

65歳で引退しても、平均寿命までは20年、30年とあるわけです。

今の世の中の流れでいけば、絶対に給料は上がりませんし、年金ももちろん減り、退職金は、平均で年2・5%ずつ減っています。一方で、消費税は上がっていきますから、生活は、どんどん厳しくなります。

老後、お金に困らずに生活をするためには、パラレルキャリアという考え方を持ち、貯蓄を意識し、定年を過ぎても退職をせず、一生現役でいられる働き方を考える必要があります。

こういったお金の勉強をすることも、みなさんの当事者意識を持つきっかけになるはずです。

自分自身のためにはもちろんのこと、家族のため、国のために、さらには若い世代のためにと考えることで、当事者意識、そして当事者力は磨かれていきます。

第7章

【応援力】仲間を「サポート」することで自身も成長しよう

働くことは
誰かのため

みなさんは、「仕事とは何か」「働くこととは何か」ということについて考えたことはあるでしょうか。

当然、さまざまな理由で働いている人がいると思います。

生活のためという人はもちろん、家族のため、お客様のため、上司のため、部下のため、自分の趣味のため、働く＝世間の常識のためという人もいるかもしれません。

何のために働くのかは、働いている限り、常に自問自答してほしい問いだと思っています。

この命題に関する答えは、人それぞれだと思うので、僕から答えを言うつもりもありませんが、僕自身は、仕事や働くことに関しては、「自己成長」と「社会貢献」が重要だと思っています。

それがこの章の応援力にも通じてきます。


特に、今は、お金のために働くという意識は全くなく、「自己成長」と「社会貢献」、その2つのために仕事をしています。

もちろん、お金を儲けるというのは大切なことですが、20代の頃ほど「お金を稼ぎたい」という気持ちがなくなってきたのは事実です。

人間の価値＝人の役に立っていること

人間は、何をしている時に、一番やりがいを感じたり、楽しいと思えるのでしょうか。

この質問を突き詰めると、僕は、誰かのためになっていたり、誰かの役に立っていることだと思います。それが応援力です。

その逆に、人間が生きている価値がない、本当に寂しいと思う瞬間は何かというと、誰からも必要とされていなかったり、誰からも求められていない時ではないでしょうか。

そうなってしまうと、自分は何のためにやっているんだろうという思いが強くなり、モチベーションもなくなってしまいますし、ひいては生きる気力さえ失ってしまうかもしれません。

僕は今、自分が収入を得て、納税をして、社会に貢献ができているという感覚があるので、とても気持ちよく仕事をすることができています。

例えば年収が1億円だったら、半分は税金になりますが、その税金が誰かの役に立ってくれていると思えば、ちっとも惜しくはありません。

また、僕は出版をしようと決意してから、これまで48冊の本を出版していますが、出版するたびに全国の図書館に1000冊以上寄贈をしています。

１冊につき１５０万円～２００万円分は寄付をしていることになります。図書館からお礼状をいただいたり、年賀状をいただくと、僕もすごくうれしく感じます。自分が収入を得て、それで社会に貢献ができ、図書館にも貢献ができているということに喜びを感じるのです。

嫌々仕事をしていても、辛いだけです。仕事をしている時間が、人生の中でどれくらいの時間を占めるかといえば、週５日として、７分の５です。

そう考えると、仕事がつまらないということは、人生の７分の５がしんどいということです。

しかし、仕事を通じて社会に貢献ができていると考えると、仕事も楽しくなります。自分がもっと勉強して成長することができれば、さらに世の中にいいものを残せるし、世の中の役に立ちます。

僕は、これからも本をたくさん読み、勉強して、そこで学んだことを「You

Tube図書館」での動画や、自身の書籍を通じて伝えていきたいと思います。

そして、それが誰かの役に立ったり、サポーターの役目を果たせるのではないかと考えています。


もし、今、仕事が辛いと思っている人は、自分以外の誰かに目を向けてみてはいかがでしょうか。

どうしてこんな安月給で働かないといけないんだとか、自分ばかりが辛い目にあっていると思うかもしれませんが、自分の仕事が誰かのためになっている、社会に貢献をしていると思うだけで、仕事のやりがいや目的も違ってくると思います。

ビジネスの根本は「お悩み解決」

また、僕はビジネスの根本は「お悩み解決」だと思っています。

お客様の困っていることを解決するのがビジネスです。それが応援力にもつながります。

お悩み解決の視点を広げて、目の前の上司や目の前の部下に、貢献をしたり、ありがとうと言ってもらえるような力、つまり仲間をサポートする「応援力」を身に付けることもビジネスでは重要です。

自分のためだけに働くのではなくて、誰かのために、みんなのために、今の仕事で、自分に何ができるのかを考えること。そうすることで、今の自分の立場や状況も改善されていくと思います。

ギブアンドテイクではなく、ギブアンドギブを

ギブアンドテイクという言葉がありますが、昭和も平成も令和も、どの時代でも成功する人は、結局、見返りを求めずに、与え続けられる人だと僕は考えています。ギブアンドテイクの「ギブ」を続けることができる人、そういう人は、応援し続けることができる人と言い換えてもいいでしょう。

ギバー、マッチャー、テイカーという言葉を聞いたことがある人も多いかと

思いますが、ギバーは見返りを求めず与えまくる人、マッチャーは与えたら見返りを求める人、テイカーは見返りを求めまくる人です。

ギブ、つまり与えるという行為は、短期的には損をしているように見えます。なぜなら、時間や労力といった自分が持っているものをたくさん使うからです。しかも、見返りがありません。もちろん、金銭的なリターンを得ることもできません。

ギバーは、恩恵が来なくてもいいという考えですが、与え続けていると、必ず恩恵が後に返ってきます。例えば、「一緒に仕事をしたい」という人が現れたりするのです。

ギバーになるためには、まず収入などの見返りは求めないこと。お金は後からついてくるものです。

では、ギバーには全くメリットがないのでしょうか？　先にも述べたように、そうではありません。最終的に何か自分にとってメリットが起こることもありますし、ギバーになることで、自分の能力やスキルは、確実に上がるのです。

例えば、何かのプレゼンを誰かの代わりに請け負った場合。プレゼンを聞くよりも、プレゼンをする人のほうがプレゼンの能力が上がります。このように、何か新しい仕事や何か新しいチャレンジをすることにより、自分に知恵がつきます。

次に、経験値が得られます。与えるというのは、アウトプットです。企画書を書く、プレゼンをする、営業をする、新商品の開発のアイディアを出す……など、新しいことにチャレンジすることで、それによって成功体験を積むことができます。

そして人脈を得ることができます。誰かの役に立ちたい、世の中の役に立ちたいという、誰かを応援するという気持ちを持って行動することで、同じような高い志を持つ人財が集まってくるのです。
それが、ギバーが最終的に成功する理由なのです。

夢を叶えるには応援力が不可欠

誰かのため、みんなのため、社会のため……。自分が応援する側になることも大切ですが、逆に応援される側になることも、目標を達成するためには大切なことです。

目標は、1人で叶えられるものではありません。

この本を読んでいる人も、「生き抜いていきたい」とか、「より豊かになりたい」とか、「よりステップアップしたい」というような目標があるとは思いますが、何事も1人で成功することは、絶対にできません。

仕事に限らず、音楽も、スポーツもそうです。

この本が出版されるためにも、著者がいて、編集者がいて、デザイナーがいて、印刷所の人がいて、本を販売する営業担当者がいて、書店の店員がいて……と、いろいろな人がいて1冊の本が出版され、みなさんの手元に届いているのです。

一般的によく言われることですが、夢を叶えるには、ヒト・モノ・カネが必要です。そして、応援される人でなければ、ヒトもモノもカネも集まりません。夢や目標を叶えるためには、絶対に周りの人から応援される必要があります。

例えばあなたが年収1000万円を達成したいという目標を立てたとします。僕は、その目標はダメとは言いませんが、応援力の観点から見たら、正直、微妙な目標だと思います。なぜなら、年収1000万円は、自分勝手な目標、つまり自分のためだけの目標なので、周囲の人からは応援されにくいからです。誰にも応援されなければ、人も集まらず、モノも集まらず、お金も集まらずで、結局1人で何かやるしかありません。夢も叶えられずに終わるでしょう。

しかし同じ年収1000万円を達成したいという目標でも、1000万円を達成することで自分の部下にも仕事の楽しさを伝えられるはずだという、誰かのためという「夢」を持つ視点が入るだけで、全く印象は違ってきます。

この視点を持って周囲にこの目標を伝えれば、「仕事の楽しさを分かってほしい」という気持ちに共感をする人が、あなたを応援してくれるでしょう。

応援される人になるには、「誰かのため」が大事

企業の社長やCEOは、会社の経営理念や、ミッション、ビジョンの中で、「お客様のため」「社会のため」「みんなのため」といった項目を必ず入れます。「我が社のため」というのは、見たことがありません。

なぜなら従業員の心を動かすには「誰かのため」である必要があるからです。

夢を叶えたり、目標を達成させるためには、「ヒト・モノ・カネ」が必要です。

応援される人になるには、やはり、誰かのためでなければ共感は得られません。

それに、誰かのためにということを根本に置いておかないと、いい仕事はできません。

僕は書籍を出版するようになったり、書籍の解説動画を始めるようになって、仕事をする時に「誰かのため」という視点が必要ということが、とても腑に落ちました。

今、本を月10冊程度読んでいますが、これを自分のためだけと思うと、なかなか続けられません。

しかし、なぜ僕が書籍の解説動画の「YouTube図書館」を始めたかというと、「本は難しい」という意見を、周囲のあちこちですごくよく聞くようになったからです。

「あの本を買ったけど、全然理解できない」、「読んだけど、よく分からない」と、まさにこれらは「お悩み事」です。

自分なら本を読んで、本を理解して、さらにその内容をまとめて伝えることができます。そこで、書籍の解説動画をアップすることで、人々の役に立てるし、社会に貢献できると思ったのです。

ですから僕は、書籍の解説動画は、アクセス数を増やしたいという気持ちでやっているのではなく、「世の中の人に読書の大切さを伝えたい」「教育の大切さを伝えたい」という気持ちで配信しています。

そうすることで、僕の気持ちに共感したり、賛同してくれた人が、僕の活動を応援してくれ、その応援が、さらなる僕のモチベーションへとつながり、質のよい動画を提供できるのです。

毎日1%誰かの役に立とう

応援力をつけるには、まずはシンプルに、毎日誰かが喜ぶことをすることから始めましょう。例えば、「毎日、人の役に立つ話をする」というような小さいことでもかまいません。

ミーティングや会議で、「仕事が早く終わるコツ」「新しい知識を教えるコツ」など、いい話や自分が勉強したことをシェアすることを、日々コツコツやってみましょう。

これは、習慣力にも関わってきますが、誰かの役に立つことを、毎日１％でもいいのです。毎日２００％やろうと思ってしまうと、大変ですし、続きません。自分の仕事が１００％だとしたら、誰かのために１％プラスするということが大事なのです。

たった１％であっても、１年間３６５日、複利で計算すれば37倍になります。毎日、ちょっとだけ誰かの役に立とうと思うだけで、１年後にはかなりの信頼関係を築き上げることができるでしょう。

ビジネスパーソンも、一般の会社員も、経営者も、アイドルと一緒です。

応援されるから上に行けるのです。プロ野球選手といったスポーツ選手も、ファンがつくからスポンサーがつくわけです。

これを読んでいるみなさんも、同僚からのファンを作る、部下からのファンを作る、上司からのファンを作ること。社外であれば、X（旧Twitter）のフォロワー、YouTubeのチャンネル登録者、ブログの読者、noteの購入者など、いかに社内や社外にファンを作れるか、応援されるかを意識して考えてみてください。

これは、よくビジネス本に書いてあることですが、「1,000 True Fans」という言葉があります。1000人のファンがいれば、一生食べていけるという考え方です。

とはいえ、いきなりファンを作ることはできません。応援されるまでにはいくつもの段階があります。

1段階目は全く知らない人です。たとえ会社など同じ組織の人だったとしても、社内で見たことがない人です。視界には入っているかもしれませんが、意識して見ていない状態です。

2段階目は見たことはあるけれど、どこの部署の誰かは分からないという状態です。

3段階目は何の仕事をしていて、どういう人なのかは何となく分かる段階。

4段階目は興味を持って理解している段階です。ＳＮＳでいえば、フォローをしている状態です。

そして最後の5段階目がファンです。お金を払って行動する段階です。例えばアイドルであれば、4段階目はテレビ番組をチェックする程度で、5段階目はファンクラブに入ったり、グッズを買ったり、ライブに行ったり、実際にお金を使う段階です。

知らない↓知っている↓理解している↓興味を持っている↓行動している。

このように、応援される側として、段階を少しずつ深めていくことです。

毎日1％誰かが喜ぶことをすることで、この段階をステップアップさせることができるのです。

周りの人を成功させるのが一番の成功の法則です。ぜひみなさんも、自分以外の「誰かのため」ということを意識し、応援し応援される人になってください。

第8章

【習慣力】日々の「積み重ね」を結果に結びつけよう

成功するためには1万時間が必要

志の高い人、結果を出している人たちは、どれくらいの時間を、その物事に費やしているでしょうか。

『天才！　成功する人々の法則』（講談社）という本で、著者のマルコム・グラッドウェルは、サッカー選手、音楽家、小説家、経営者など、さまざまな分野でプロになった人、世界的なレベルになった人は、例外なく1万時間の練習期間があったと指摘しています。

これがいわゆる「1万時間の法則」と呼ばれるものです。

ビル・ゲイツもイチロー選手も。例外はない

では実際、成功している人は、具体的にどれくらいの時間を費やしているのでしょうか。

ビートルズは売れていない時に1日8時間以上ライブをしていました。その回数は、1200回以上だそうです。

ビル・ゲイツは初期のコンピュータでゲーム作りに没頭して、中学2年生から大学中退まで、1万時間以上の時間をゲームのプログラミングに使っていました。その時に使っていたベーシック言語が、マイクロソフト誕生のきっかけになったというわけです。

Apple コンピュータ第1号を作ったスティーブ・ウォズニアックは、幼少期から無線機を組み立てるのが好きで、そこから自作のコンピュータを作りたいと、Apple コンピュータを作ったのです。

イチロー選手は小学3年生から中学3年生までの7年間、1年間に363日、バッティングセンターで毎日200球以上の打撃練習をしていました。なぜ365日ではなかったかというと、年末年始の2日間は、バッティングセンターが休みだったからです。

サイバーエージェントの藤田晋さんは、21世紀を代表する会社を作るという目標を掲げて、毎日終電まで働いて、土日も夏休みも正月も働き続けていました。食事は自動販売機のパンのみだったそうです。そうやって1年間で粗利5000万円の数字を出し伝説となりました。

AKB48のプロデューサーの秋元康さんは、1日19時間仕事をしているそうです。秋元さんは、どこからが仕事でどこからが仕事でないかという境目がなく、食事をしていても、常に何かネタになることはないかと考えたり、何か脚本に使えないかと考えながらお酒を飲んだりしているとか。

結局、寝ている時間以外は、すべて仕事のことを考えているわけです。

つまり、成功とは一朝一夕で得られるものではなく、日々の努力、習慣力が大切なのです。

目標をどこに定め、どれくらいやらなければいけないかは、人それぞれですが、周りと差をつけるとか、圧倒的な生き抜く力を身に付けるには、量と継続、つまり習慣力が非常に重要なのです。

3年を1つの基準とする

1万時間が成果を生むというお話をしましたが、1日1時間の習慣では、30年近くかかってしまいます。

そこで僕は、3年を基準にしています。なぜ3年かというと、1日10時間行えば、1カ月で300時間、1年で3650時間、3年間で1万時間を超えることになるからです。

受験勉強も、高校3年生の1年間と浪人の2年間で、3年。公認会計士試験も3年間の勉強で合格しました。

起業に関しても、3年ごとに新しいことをやるようにしています。起業1年目から3年目までは個人で動き、4年目から6年目はチームを作り、会社を3社立ち上げオーナーとなりました。そして、7年目からは出版を始めました。出版は3年半続けていますが、その傍らで、現在は書籍の解説動画「YouTube図書館」を開設し、YouTuberを始めました。

プロセスを重視すれば、結果は後からついてくる

人は何か物事を始めると、すぐに結果を求めがちですが、1週間や2週間の継続で、簡単に結果が出るようなものはそうそうありません。

続けている間は、すぐに結果は出なくても、「学んでいる」とか、「成長していればいい」という考え方が大切です。まずはプロセスを大事にすることです。

現在、ほとんどの人は、何かをしようとする時、常に目的ありきになっています。例えば、公認会計士試験の勉強をする時、その目的は、もちろん公認会

計士試験に合格することです。しかし、合格できなければ最悪なのかといえば、そうではありません。

もちろん試験に合格することは大事ですが、そもそも勉強そのものを好きになれば、日々継続もできるし、結果もついてくると思います。

他にも、YouTubeをやっていて、再生回数を気にしている人が非常にたくさんいます。僕も、もちろん「YouTube図書館」の動画の再生回数が伸びればうれしいですが、それは結果論です。僕は、読書をしたり、要約したり、人に内容を教えるというプロセスを楽しむようにしています。

しかし、多くの人は、このプロセスを楽しめていません。例えば営業成績を上げるために営業トークやプレゼン力を上げる本を読んだり、学んだりすると思いますが、それは、単なる手段です。

本来は、人と話すのが大好きとか、お客様から悩みを受けて答えるのが好きとか、コミュニケーションというプロセスを楽しんだほうが、営業成績は絶対に伸びるのです。

成功への距離を正しく測ること

人生で成功する人と、成功しない人がいます。

僕は、失敗するのは能力がないからとか、努力していないからとかではないと思っています。

それは、何かにチャレンジして失敗した時や諦めた時に、どれだけ成功に近づいているかに気付かなかっただけだと思うのです。成功している人は、何も特別なことをしているわけではありません。また、成功に「向き、不向き」もありません。「向き、不向き」は結果に影響しません。

僕の兄は成績優秀で、中学校でも成績が学年1位でしたが、僕は中学1年生の時、一生懸命勉強したつもりでしたが、成績が110番中88番でした。

その時、僕は「勉強に向いていない」と、そこで勉強することをやめてしまいました。

しかし、その後、2年間の浪人生活を送り、立命館大学に合格し、在学中に公認会計士試験に合格し、文章を書くのが苦手でも『人もお金も動かす超スゴイ！文章術』（すばる舎）という本を出すことができたり、人前で話すのが苦手だったけれども『稼ぐ話術「すぐできる」コツ』（三笠書房）という本を出版し、動画を撮りながら話せるようになったりしています。

当時中学1年生の僕は、88番で諦めてしまいましたが、そのまま勉強を続けていれば、50番、30番、10番……と、きっと成績が上がっていったはずです。88番ということは、まだ上がる途中だったのに、それに気が付かなかったわけです。きっと次の試験でも頑張れば、順位は上がっていたはずです。
この時の僕は、勉強したのにいい点が取れず、「成功に近づいている」とは思えなかったのです。もし、当時の時点でこの感覚を持てていたら、僕は別に浪人せずに現役でいい大学に受かっていたかもしれません。

例えば、ウォルト・ディズニーは、子どもも大人も楽しめる場所、ディズニーランドを作ろうと考えて、企画書を持って銀行に行きました。
当時、大の大人が「夢の国を作りたい。子どもも大人も楽しめるテーマパークを作りたいので、お金を貸してください」と言ったところで、銀行員に笑われて終わりでした。

しかし、ウォルト・ディズニーは諦めず、断られたら企画書を毎回何回も書き直しました。その数、３０２回と言います。３０３回目に融資が決まり、ようやくディズニーランドは誕生したのです。

もしウォルト・ディズニーがどこかで夢を諦めていたら、ディズニーランドはこの世に生まれていなかったということです。

1回企画書を書き直すたびに、成功へと近づいていたから、ウォルト・ディズニーは諦めなかったのです。

このように、途中で諦めずに続けること、今は成功までの過程だと考えることはとても重要です。そして続けることが習慣力でもあるのです。

習慣力は、量とスピードを意識する

僕は、2浪をして立命館大学に合格しましたが、大学受験と公認会計士試験では、どちらが簡単だったかと聞かれたら、僕は公認会計士試験のほうが簡単だったと思っています。

世間的な難易度とは、絶対違うと思いますが、僕は立命館大学に合格するまでが、今までの人生の中で一番辛く、難しかったのです。なぜなら、大学受験の勉強は、小学校、中学校、高校の積み重ねだからです。12年間の出遅れを、

2年間で取り戻すという作業が必要になります。

一方で、公認会計士試験はスタートがみな一緒です。簿記、会社法、経営学、財務会計論、監査論、管理会計といったことは、誰も中学校、高校で勉強していません。

20歳の頃、いかに日々の積み重ね、習慣力が大事か、続けている人と続けていない人では、いかにその差が大きくなるか、そして、それを縮めることは、どんなに大変かということに気が付いたのです。

僕はよく本の中で、「成功するには量とスピードと質が大事」だと書いていています。量からしか質は生まれません。そして、その量は、習慣力がなければこなすことはできません。

僕は、人の3倍やれば10倍の結果が出るという、自分の中でのルールを決めています。人と同じ作業をしたら、同じ結果しか出ませんが、なぜか3倍やると、3倍の成果ではなく、10倍の成果が出るからです。
それはなぜかというと、目立つからです。

3倍やることで、人より突き抜けることができ、比較対象がなくなります。僕は、「月に1冊本を出す」と決めましたが、なぜ月1冊にしたかというと、出版冊数が多い人でも、3カ月に1冊で、年4冊のペースです。ですから、その3倍である月1冊を目指したのです。

書籍の解説動画「YouTube図書館」も同様の考え方で始めました。YouTubeで書籍の解説動画をアップしている人は結構多いですが、それでも、一番多い人でも週に1冊程度のペースです。その3倍と考えると、月に12冊、まずはこれを行おうと決めて始め、一時は月に60冊の解説動画をアップしていました。

習慣力をつけるためのコツとは

成功する人は、才能の有無ではなく、「やり抜く力」、つまり習慣力がある人です。では、具体的にどういうふうに習慣力をつけていけばいいでしょうか。
まず、目標を具体的にすることです。

例えば痩せたいと思うのであれば、目標は「痩せる」ではなくて、「5キロ痩せる」とか、睡眠時間を増やしたいのであれば、「もっと睡眠時間を取るよ」ではなくて、「平日の夜は午後10時までにベッドで横になる」というように、数値で具体的に表すといいでしょう。

目標は、具体的であるほうが、自分が求める成功の姿を、よりはっきりとイメージすることができるからです。

そして、目標を達成した後の自分や自分の周りをイメージすることで、それが習慣化するためのモチベーションにつながります。

次に、具体的な数値を出したら、その目標を達成するための行動計画を作るといいでしょう。いつ何をやるかを、あらかじめ、予定に入れておくのです。

例えば僕の場合であれば、「本が届いたらすぐ読む」とか、「カフェに座ったら本を読む」というように、WhenとWhatを決めます。

「午後6時になったら会社のジムで汗を流す」というような予定でもいいと思います。

また、目標までの距離を意識することです。

例えば、○月○日までに5キロ痩せるという場合は、1日1回は体重チェックをし、グラフで増減を見ていくといいと思います。仕事や資格試験など、他の目標に対しても、なるべく視覚化できるような計画を立てるようにしましょう。

僕もYouTubeに動画をアップすると、再生数、コメント数、チャンネル登録数、平均の視聴時間など、たくさんのことを確認し、さらにそれを振り返り、目標に正しく向かっているのかどうか、現在地から目標地までの距離をしっかりと確認するようにしています。

人生は脱落ゲーム。習慣力だけで勝てる

僕は、人生は「脱落ゲーム」だと思っています。

仮に才能がなかったとしても、「やり続ける」、つまり習慣力を持つことで勝つことができます。

一年の計は元旦にありと言いますが、1月1日に立てた目標を達成するために、頑張り続けられる人は、どれくらいいるでしょうか。

12月31日まで頑張り続けられる人は、5％と言われています。

つまり、自分が行動を習慣化しているだけで、勝手にライバルたちは脱落していくのです。

僕は、「起業をして年収1億円を稼ぎたい」と、起業家の先輩に言ったこと

があります。

　すると、その人は、「1000人の人が稼ぎたいと、起業したとしたら、999人が諦めた時、それでも1人やり続けたら、年収1億円を稼げているよ」とアドバイスをしてくれました。

　まさに今、僕は、その人のアドバイス通りになっています。

「才能がない」と諦めてしまいがちな人こそ、日々の習慣力を大切にしてください。そうすれば必ず結果はついてきます。

第9章

【決断力】迷う時間があったら とにかく「前」へ進もう

人生は選択と決断の連続である

この章でご紹介している決断力とは、ずばり自分の意思を決定する能力のことです。

人生は選択と決断の連続です。新しい仕事、結婚するタイミング、転職、独立といった大きな決断から、今日のランチは何を食べようといった小さな決断まで、人間は大体1日に70回ほど決断をしていると言われています。

ランチをパスタにするか・ハンバーグにするか、好きな人をデートに誘うか・誘わないか、彼女にプロポーズするか・しないか、飲み会に行くか・行かないか、本を読むか・読まないか、営業のアプローチを電話にするか・対面にするか、仕事を断るか・引き受けるか、会社を辞めるか・辞めないか、親の言うことを聞くか・聞かないか……。日々決断の連続です。

決断に必要なものは選択力と覚悟

決断に必要なものは2つあります。それが、「選択力」と「覚悟」です。「決断」という字を見れば分かるように、何かを決めるということ、つまり「選択する」ということは、何かを断つことでもあります。

つまり、何かを得るには必ず何かを失わなくてはいけません。そういう意味では、「覚悟」が必要です。

1日24時間を満タンのバケツにたとえると、新しい決断をするということは、バケツから何かを捨てないといけません。

1日2冊本を読むと決断をしたら、そのためには、テレビを見ない、スマホを触らない、飲みに行かないといった、時間の断捨離が必要なわけです。

僕は大学生の頃、公認会計士試験の勉強時間を確保するために、4年間で飲み会には1回しか行きませんでした。成人式も行っていません。

このように、何かの決断には何かを捨てる覚悟が伴います。それは、もしかしたらみなさんにとって大切な人だったり、時間だったり、仕事だったり、今まで大事にしていた肩書とか学歴かもしれません。

もしくは、コーラが好きだけど痩せたいから水にしようというように、日常的な小さいことかもしれません。

いずれにせよ、どんな決断であっても、覚悟が必要ということには変わりありません。


そして、決断には、必ずリスクがセットになります。リターンだけということは、あり得ません。いくつかある選択肢のうち、1つを残して、あとは捨てるということですから、当然、それがリスクとなります。

リスクには、ローリスク、ミドルリスク、ハイリスクがあり、リスクに比例してリターンも大きくなります。

例えば資格受験の中でいうと医者・弁護士・公認会計士はハイリスクなものになります。それは取得までに、お金と時間など労力がかかるからです。さらには、公認会計士試験は1年に1回、合格するまで1万時間以上の勉強時間が必要と言われ、合格率は、大体10％です。

ですから、「公認会計士を目指す」という決断には、多くのリスクが伴うわけです。なおかつハイリスク、しかし難しいからこそリターンも大きいのです。

東大を卒業した人が一流企業に入れたり、公認会計士試験に合格した人が新卒で年収６００万円、20代で年収１０００万円を稼げるなど、ハイリスクほど、ハイリターンです。

ローリスクでハイリターンなものはありません。全く勉強もせずに適当に単位だけ取り、バイトも遊びも中途半端だった人が一流企業に入社できたという話は聞いたことがありません。

100%正しい決断は存在しない

人生は、日々決断の連続だと先ほどお話ししました。しかし、ハイリスクになればなるほど、決断できないという人が増えてきます。決断をしなければ行動ができませんし、行動ができなければ、結果も得られません。

なぜ多くの人は、決断ができないのでしょうか？

それは、多くの人が「正しい選択をしたい」と思っているからです。僕は、多くの人が決断できない理由の核心は、ここだと考えています。

しかし現実問題として、100%正しい決断などは、存在しません。それは、未来に何が起こるかは、誰にも予測できないからです。

「この会社に入ったら正しい」「この人と結婚したら正しい」「起業したら正しい」というように、すべての人に正しい決断というものはありません。

人は、どの選択をしても「こうしておけばよかった」と、必ず後悔します。

僕が起業したのは、25歳を過ぎてからですが、もっと早く、大学生の頃に起業しておけばよかったと、今でも後悔しています。

しかし、もし仮に大学生の頃に起業していたとしたら、公認会計士の資格を持つことはできなかったでしょう。そして、公認会計士の資格を持っていなければ、会計の本も出せませんでしたし、本の出版企画も、今よりも通りにくかったかもしれません。

つまり、決断をする時に大事なのは、「正しい選択」をするのではなく、「現時点でベターな選択」を考えることです。

例えば投資の世界において、ベストのタイミングで株を買うのは、ほぼ無理です。相場は予測できないからです。

しかし、最高のタイミングを狙わなくても、最悪の状況を回避することが大事なのです。そして、その最悪の状況は、ベターな選択をすることで回避することができるのです。

第1章でもお話をしたドル・コスト平均法は、まさにベターな選択と言えるでしょう。仕事、結婚、転職、引っ越しなど、人生の決断の世界においても同じです。ベストな選択よりも、ベターな選択を意識することで、より決断力が高まるでしょう。

また、ベターな選択だとしても、決断が遅くなれば遅くなるほど、ベターの度合いが下がってきます。

つまり、いくら正しい選択をしたとしても、その決断が遅ければ、その決断は期限切れになってしまうのです。

その逆に、ベターの度合いが低い決断だとしても、早く決断をしていれば、間違えた時に、すぐ軌道修正ができます。

よく若い頃は失敗しろと言いますが、若いうちなら、後から挽回が可能です。これから先の人生、常に「今日」という日が、人生の中で一番若いわけです。

ですから、決断はできるだけ早くすることが非常に重要です。

決断力を高め、決断を成功させる6つのポイントとは

決断力があると言われる人の最大の特徴は何でしょうか？　それは失敗を恐れていないことです。

なぜなら、決断力がある人は、失敗から学び、失敗から自己成長できることを知っているからです。ですから、まずは、みなさんも失敗に対して、ネガティブな考えを捨てることが大切です。

その上で、どうしたら決断力を高めることができるか、いくつかのポイントを説明したいと思います。

【1】最悪の状況を意識すること

例えば、スポーツ競技などで、負けるイメージをしてはいけない、勝つイメー

ジだけをしろと言いますが、１００％勝つイメージしかしていない選手は、予想外のアクシデントに見舞われると、そこで負けてしまいます。

僕が大切だと思うのは、負ける展開を考えた上で、そこから逆転して勝つイメージを持つことだと思っています。


つまり、事前に最悪の状況を意識するわけです。

例えば起業でも、10個の事業を立ち上げたら、９個の事業は潰れると言われています。ですから、１つの事業を立ち上げて失敗し、「俺は向いてないんだ」と思うようでは、準備不足です。


例えば、公認会計士試験は１００人が目指したとしても、途中で70人ぐらいは諦めてしまう試験です。１～２回試験に落ちると、もう無理だと諦めてしまうわけです。

しかし、事前に統計を見ていれば、２～３回落ちるのは当たり前だということが分かるわけですから、落ちてもチャレンジし続ける人が合格を勝ち取ることができるのです。

そして、そのチャレンジをし続けられるかどうかが、やはり自分の意思や覚悟にかかってきます。

【2】他人の目を意識しないこと

決断力のある人は、他人の目をあまり気にしません。他人からどう評価されるかということよりも、自分の意思を貫き通すことを重視しているからです。

僕は、人に相談することは否定しませんが、相談で大事なのは、「自分の決断が揺るがないかどうか」だと思っています。

僕が考える本来の相談というのは、相手に話してアドバイスをもらったり相手に決めてもらうことではありません。自分が覚悟を持って決めた決断を、相手に話しても、自分の中でぶれないかどうかを測るものだと考えています。

例えば、公認会計士試験を目指して合格すると決めた後、親、友達、先輩などに相談した時に、「そう簡単に受からないからやめておけ」とか、「難しいし、違う道もあるんじゃないか」と言われて、揺るがなければ大丈夫です。

しかし、ほとんどの人は、「やっぱりやめようかな」と、ぶれてしまいます。

それは、他人の目を気にしているからです。

また、夢を叶えようとする人間に反対意見を言ったり、挫折させるようなドリームキラーに対しては、いかに受け流せるかも大切です。もしあなたの周囲にそういう人がいたら、「見ない」「聞かない」「近づかない」「触れない」の4つの「ない」で対処するようにしましょう。

【3】こだわりを捨てること

早く決断をするには、こだわりを捨てることも重要です。なぜなら、こだわりすぎると正しい判断基準が分からなくなり、決断できないからです。例えば資格や学歴や肩書などの過去の栄光に固執せず、積み重ねたものを捨てる勇気も、決断には必要です。

僕は、公認会計士試験に合格するため、大学時代に死に物狂いで勉強して、狭き門を突破しました。そして、卒業後は、有限責任監査法人トーマツに就職しました。

しかし、僕は同期５００人の中で、一番早く辞めて起業しました。多くの人に、せっかくいい大学に行って、トーマツを辞めるのはもったいないと言われました。

しかし僕には、そういうこだわりは、全くありませんでした。自分は未来のことを考えて生きているので、過去の積み重ねがもったいないとは思えなかったのです。

【4】興味、関心、WANT思考で決断すること

決断をする時は、「できる」「できない」ではなく、「よりやりたいほう」を考えるようにしましょう。つまり自分が興味や関心のあること、やりたい、欲しい（＝WANTなこと）を優先するべきです。僕は常に、何事にも挑戦したいと思っているので、何か決断の場面がきたら、常に新しいことにチャレンジするようにしています。

例えば、今の会社が楽しくない場合、仕事を楽しくしようと考えるのか、楽しい新しい会社に転職しようと考えるのかという選択肢があったとします。この場合、自分にとって、どちらがよりやりたいか、「できない理由」ではなく、「やりたいこと」で考えてみるのです。

結局、決断する時は、まだ結果が出るか分かりません。決断は、最初のスタートですから、一番大切なのは、決断そのものよりも、決断してからどう行動す

るかなのです。ですから、最初の決断は、より自分のやりたいことを優先するのがいいでしょう。

【５】視野を広く持ち、常に情報収集をすること

決断力がある人は一度きりのチャンスを逃がしません。チャンスが来た時にすぐチャレンジする決断ができるからです。

では、その「チャンス」に、どうすれば気が付くことができるのか。そのためには、常に視野を広く持ち、日々情報を集めることが重要です。

本や新聞、雑誌を読む、動画を見る、いろいろな人に会いに行くなど……。しかし、決断力がない人は、持っている情報が少ないので、どちらがいいかの決断ができないのです。

ネットのブログのような情報も悪くはないですが、書き手が自由に書いているので、あまり客観性が担保されていません。

しかし、新聞、雑誌、書籍は編集や校閲が入り、第三者の目で客観視されているので、極端に偏った情報や虚偽の情報はありません。

最近は、新聞でも雑誌でも書籍でも、スマホで見られるものもあるので、気になる記事をチェックしたり、特に得意分野、本業に生かせる分野に関しては、徹底的に情報を集めるようにしましょう。

【6】決断を先延ばしせず、即断即決すること

何かを決断する場面で、「検討します」「やれたらやります」「時間に余裕があったらやります」と、決断を先延ばしする言葉を使う人がいますが、これらはみなNGです。

仕事上での決断でも、友達からの誘いでも、家族からの要望でも、曖昧な返答をするとチャンスを逃します。

また、ランチをどうするか、飲み物を何にするかといった、日常的な小さな

決断を即断即決することで、決断力は養われます。

転職、結婚、起業、留学、不動産購入、車を買うなど、大きな決断ができるようになるために、日常の中で意識的に小さな決断を即決する練習をしていきましょう。

こういった日々の小さな決断の積み重ねが、結果的に大きな決断に迫られた時の決断力にもつながっていくのです。

第10章

【チーム力】

一人よりも「仲間」と一緒に上を目指そう

大きな目標もチームなら達成できる

僕は、起業して3年目までは1人で働いていました。

仕事が増えるにつれ、収入も増えていきましたが、ある一定量を超えると、費用対効果が悪くなりました。つまり、労力が2倍になっても、収入が2倍になるわけではないということに気が付いたのです。

そこで独立4年目に、事業の効率化とともに取り入れたのが、「チーム制」という仕組みです。僕が取り入れた「チーム制」は、企業のような部長、課長、係長、一般社員といった「事業部」や「課」とは、全く違うコンセプトによって成り立っているものです。

この「チーム制」は、同じ志を持つ仲間が集まり、互いに刺激をし合える関係で、フラットなものでした。

チーム制を導入してから、自分の体調が悪い時には仕事をカバーしてもらったり、自分が苦手な分野の依頼がきた時はチームの仲間にお願いができるようになりました。

その逆に、チームの仲間が、僕の得意分野の仕事や、やりたいと思っていた仕事を紹介してくれることも増えました。

さらに、1人ではできないような大きな仕事、クオリティーの高い仕事もできるようになっていったのです。

世の中に存在する仕事というものは、それがたとえどんな仕事であっても、必ず人と関わり合いをしながら進めていくものです。人間が1人でできることは限られています。他者と一緒にチームで働くことで、自分1人ではできないことに取り組んでいけるのが、「仕事」なのです。

一人一人がリーダーシップを発揮する

リーダーシップというと、日本人はピラミッド型を想像しますが、僕がここで言うリーダーシップというのは、上下関係があるものではありません。「それぞれの役割において、リーダーシップを取る」ということです。

例えば、書籍を作る時に、著者、編集者、デザイナー、営業担当者……と、さまざまな役割を持つ人が関わっています。この中で誰かがリーダーになるのではなく、与えられた役割に関して最大のパフォーマンスを発揮するのが、僕の言う「リーダーシップ」であり、これこそが、これからの世の中で必要なチームのあり方、つまりこの章で僕が伝えたい「チーム力」です。

ではなぜ、こういうチーム制を取り入れたのか。

僕はもともと外資系の会社にいました。外資系は、社員一人一人に、その人がどんな性格や能力を持つ人であってもリーダーシップの能力を求めます。海外の大学の入試などでも、小論文や面接などで、必ずリーダーシップがあるかどうかを判断されます。

しかし、日本の大学や会社は違います。人の上に立つ人にしかリーダーシップを求めません。そのため、日本ではリーダーシップという能力に関して、総じて意識が低いと言っていいでしょう。

本来、仕事というものは、全員が運転席に座るべきで、助手席や後部座席に座ってはいけないものだと思っています。お客さんでもなく、下働きでもなく、一人一人が主人公で主役なのです。

しかし、日本人の仕事というのは、助手席に座ったり後部座席に座る人が、とても多いのです。指図をするだけで自分は動かなかったり、指図すらせず眺めているだけで、目的地に着くと、真っ先に降りるような人も多いです。

また、実際に運転している人も、自分が仕事を引っ張っているとか、自分が先頭に立つという意識が欠けています。

それに対して、外資系は、入社1年目からリーダーシップが求められます。経営者向けのコンサルティングをしている外資系の一流企業マッキンゼーは、東大生しか採らないとか、頭のいい人しか採らないと言われていますが、その採用基準は、学歴ではなく「リーダーシップ」だそうです。

そういう人財を求めると、結果的に、東大卒や頭のいい人が多くなってしまうということでしょうが、なぜ、「リーダーシップ」を求めるかといえば、マッキンゼーは、入社1年目から経営者に対してコンサルティングをしなくてはいけないからです。

22歳の若者が、50代、60代の経営者に対して、お金をもらってコンサルティングをするわけです。従順な飼い犬のような社員では、役に立ちません。

マッキンゼーのように、入社1年目であってもリーダーシップを取れる人間ばかりでチームを作ること、それが僕の目指す「チーム力」を持ったチームでもあります。

チーム作りに大切なことは目的共有

チームを作るために必要な行動指針は、「教える」「志を伝える」「教えを乞う」の3つです。

僕の場合、自分の理想とするチームを作るために、まずはブログやSNS、動画などで、良質な情報を無料で提供することから始めました。

人に「教える」ことで、僕から「学びたい」という人が集まってきます。しかし、それだけでは、リーダーシップは育ちません。

そこで、自分の「志を伝える」のです。すると相手は、その志に共感してくれ、一緒に目指していける「仲間」となります。ここに上下関係はなく、あくまで対等な「仲間」であることが重要です。

さらに、仲間同士で勉強会を開催し、お互いに「教えを乞う」、つまり一人一人が講師役となることで、学びに対して責任感が生まれ、リーダーシップを取れる人財が育つのです。

つまり、稼げるチームになるには、一人一人がリーダーであるという意識が必要です。

さらに、チームは人数が多ければいいというわけではありません。リンゲルマン効果という言葉があります。これは、集団が大きくなればなるほど、1人あたりのパフォーマンスが低下するという現象のことを指します。人数が多くなると、自分1人ぐらいサボっても大丈夫と手を抜いてしまうわけです。

例えばチームで庭の草むしりをする場合、3人で10時間かかる作業を10人で行った場合、3時間で終わるはずですが、実際にはそれ以上の時間がかかってしまいます。

人数を最小限にして責任感を持たせたほうがよいわけです。

そして、チーム作りの基礎となるのは、目標設定です。しかも、その目標は、具体的でなくてはいけません。

カラーバス効果という言葉がありますが、人間はある目的を意識すると、その目的に関連する情報をそれまで以上に認識します。

例えば「あなたが朝起きてから、今この瞬間までに赤いものがいくつありましたか」と突然質問されても、あまり答えられないものですが、事前に質問が分かっていれば、朝から赤いものを数えて過ごしきちんと回答できるはずです。

ですから、チーム活動も、目標や目的を明確にすることで、それに向かって動くことができます。

そして、その目標設定で大切なのは、成果目標だけにしないことです。例えば本だったら10万部を売るとか、物販だったら売り上げ5000万円を達成するなど、数字を出すことも大事ですが、これだけだと作業と数字の奴隷になってしまいます。

今の時代、特に重視されている目標は「意義目標」です。つまり、何のためにそれを行うかという「意義」を持つということです。

「自己成長のため」なのか「後輩の指導のため」なのか、他にも「出世するため」「転職するため」「年収を上げたいため」「起業の準備」なのか、今一度、目的をはっきりさせてみてください。

目標や目的を持って行動することで、より結果につながりやすくなります。

そして、なぜこのチームでその目標や目的を達成しなくてはいけないのかを考えましょう。意義目標を設定することによって、チームのメンバーは自らの生むべき成果や、取るべき行動について意義を持つことができます。

例えば僕の場合は、「YouTube図書館」の撮影や編集などは、チームで行っています。

しかし、一方でこの「YouTube図書館」の動画制作には、「自己成長」と「社会貢献」という意義目標があります。自分やチームが成長して優秀になることで、社会によりよいものを提供していこう、という目標です。

このようにチームで意義目標を掲げることで、どういった本を選ぶか、どういう編集をすれば伝わりやすいかなど、メンバーで話し合い、よりクオリティーの高い動画を作ることができます。

チームバランスを取り、ほどよい距離感を持つ

チームのメンバーについても、一人一人の性格、性別、属性、価値観など、すべてが違います。ですから、お互いの違いを認め合った上で、役割分担を決

め、みんなで補っていくことが非常に重要です。

野球のチームでも、いくら四番バッターばかり集めても勝てません。それぞれの個性を認めるような余裕を持つことがチーム作りには大切です。

よいチームというのは、「積極性」と「共感性」のバランスが取れたチームです。

「積極性」とは、競争心、熱量、影響力、人を巻き込む力。

「共感性」とは、つながり、癒やし、共有、和みといった力。

1つのチームのメンバー内で、これらのバランスが取れているチームは、仕事もうまくいきます。

また「共感性」が強い人は、自分の知識を人に教えたり、「積極性」の強い人は、営業成績で1位をとることを目標にしたり、自分1人で何か行動を起こしてみるなど、個々の性質の中でもバランスを取れるようにするといいでしょう。

そして、チームの人間関係を築き上げるものとして欠かせないのは、コミュニケーションです。

一般的に、見知らぬ人同士が、一緒に仕事をしていこうとなった時、信頼関係をお互いが作るためには3カ月かかります。しかし、例えば、チームで2泊3日の海外旅行に行き、朝昼晩、食事を共にして、お酒を飲み、同じ部屋で泊まることで、たった3日で、人間というのは自然と仲良くなれるものです。

そこで僕は、チームで海外旅行に行ったり、サウナに行ったり、ジムに通うなどプライベートも一緒に過ごす時間を持つようにしています。

政治家が料亭に行ったり、経営者が接待や会食が多いのも同じです。「ランチョン・テクニック」という言葉もありますが、食事によるリラックス効果と、同じものを食べて、食事や時間を共有することで、信頼関係ができ、より相手との関係を近づけることができるのです。

とはいえ、誤解をしてほしくないのは、チームとして絆を強くすればいいというものではないということです。

僕は、「強いつながりを作るな。弱いつながりを作れ」という話をよくしていますが、例えば、父親、母親、恋人、親友などは強いつながりです。しかし、つながりが強いと、反発をしたり、離れたり、けんかをしたりしがちです。

仕事上で強いつながりがありすぎると、嫉妬が生まれたりするので、ビジネスにおいては、弱いつながりのほうが長く続きます。例えば、たまに会う同性の友人や、たまに会うと楽しい学生時代の友人のような薄い関係です。

仲良くなりすぎるとライバルになりますが、弱いつながりのほどよい距離感であれば、干渉をせずに切磋琢磨することができます。

弱いつながりを末永く持っているのが、本当に強いチームなのです。

最高のチームを作るための上司の心得

チームは、一人一人がチームリーダー意識を持つことが大切だというお話をしましたが、最初からリーダーシップを取れるような新人は、なかなかいません。人間には2タイプあります。自分の頭で考えて動ける人間と、言われたことしかできない人間です。

上司の役割の1つに、後進を育てるということがあると思いますが、後者のような部下を前者のように、リーダーシップを取れるような人間に育てるにはどうしたらよいでしょうか。

実は上司にも2タイプあり、部下に仕事を任せられない上司と、任せられる上司がいます。自分がやったほうが早いから、と部下に任せられなければ、一生、部下を育てることはできません。

僕は、教えるよりも任せることが大事だと考えています。部下ができない仕事をするのが上司の役割であり、部下ができる仕事は、とりあえず任せてみることです。もし失敗したとしても、そこで本人が気付き、成長することができます。

また、仕事を振る時も、「この仕事を覚えて」ではなく、「この仕事は何のためにあると思う?」というように、必ず質問から入ることです。クエスチョンを投げかけることで、必ず相手は自分で考えて答えを返します。こうすることで、考えて行動できる人間に育つのです。

そして、結果が出たら「すごく頑張ったね」と勇気づけ、「ありがとう」と感謝の言葉を言うようにしましょう。

僕は、優れたリーダーとは、安心と刺激の両方を与えられる人だと思っています。ぬるま湯のような感じで居心地がいいだけではダメで、「すごいな、あの人」という刺激も必要です。

上司も、常に真面目に学ぶ姿勢を見せたり、新しいことにチャレンジすることで、部下に刺激を与えることができます。それが部下のモチベーションとなり、「すごいチーム」ができあがるのです。

頑張っている人には、「頑張りすぎないように」

チーム内を円滑にするためには、声がけに気をつかうことも重要です。よく、頑張っている人に対して、「もっと頑張れよ」と声をかける人がいます。この「頑張れよ」というのは、裏を返せば「あなたは頑張っていない」ということを意味しています。こう声をかけられた人は、自分は頑張っているつもりなのに、その頑張りを認めてもらえないことで、意欲が下がってしまいます。

そこで、おすすめなのが、「あんまり頑張りすぎないようにね」という言葉をかけることです。この言葉には、裏を返せば「あなたが頑張っていることを私は知っていますよ」という意味が含まれています。

さらに、「少し休んだら？」と伝えれば、相手が限界近くまで頑張っていることをこちらが認めていることが伝わります。言葉をかけてもらった側は、自分の頑張りをきちんと認めてもらえたうれしさで、もっと頑張ろう、という意欲が芽生えます。

さらに、チームで大切なのは、メンバー全員の自己肯定感を高めることです。自分を肯定し、ポジティブな思考でいられるかどうかも仕事の成果に直結します。メンバーのいい点をお互いに褒め合ったり、メンバーの弱みを強みに変えるなど、1人の人間として尊重する視点を持つことが大事です。

人間は、1人では生きていけません。仕事だけでなく、遊びもスポーツも、チームで動くことで、豊かな人間関係が生まれます。

誰かの弱みを誰かの強みで補ったり、壁にぶつかったら一緒に知恵を出し合ったり、落ち込むことがあれば肩を貸し合ったり、開発が成功すれば肩を組み合って喜んだり……。

最高のチームは、最高の目標を達成させるだけでなく、一人一人を幸せにする力があります。

現在、人間関係のトラブルは、退社や転職を考える人の理由の多くを占めます。仕事関係の人間関係がよければ、仕事も楽しく、幸せ度もアップするでしょう。そのためにもチーム力を高めておくことは重要なのです。

あとがき

人生100年時代と言われ、さらに近年のコロナ禍により世の中はどんどん変化しています。さらにAI（＝人工知能）の進化によって、ホワイトカラーの仕事の半分がなくなるとも言われています。

今のような、人間が機械を道具として使うのではなく、機械が人間を道具として使っていく時代は、この先もどんどん加速していくことでしょう。

そんな中、僕らはどんなスキルを身に付ければいいのか、どうしたら将来に不安を抱えず未来に希望を抱くことができるのでしょうか？

つまりそれは機械では代替されない、付加価値の高い能力を身に付けた人間になるということです。そのために必要な力を、10＋1個に分けてご紹介したのがこの本です。

これからの時代は、年収1000万円を得られる会社に入って安心して働くのではなく、年収1000万円の価値がある人間になることを目指すべきだと思います。つまりどこに行っても求められる人財になること、お金を稼ぐため、出世するためではなく、自分を磨き、自己成長、社会に貢献できる人間になることが重要なのです。年収や仕事の成果はその後からついてきます。

ちなみに、僕はこの11個の戦略を身に付けるのに10年以上かかっています。10年と聞いてどう感じますか？

10年も、と思うのか、10年しか、と思うのか、「も」なのか、「しか」なのか、この差が人生を大きく変えます。

この11個の戦略を身に付けるためのポイントは、常にワクワクしながら学びのプロセスを楽しむことです。

天才よりも、努力する人が成功します。努力する人よりも、楽しむことのできる人が成功します。勉強がもともとできる人より、頑張って勉強する人、頑張って勉強する人より、楽しく勉強することのできる人が成功します。

僕が大学在学中に公認会計士試験に合格できたのも、勉強する、学ぶ、挑戦するといったプロセスを楽しんだからです。

この11個の戦略を身に付けるよりも前に、11個の戦略を身に付けるプロセスをぜひ楽しんでください。

人生は一度きりです。どうせなら楽しく学び、楽しく仕事をし、楽しい人生を送るほうがいいですよね？

今のあなたの価値は過去の積み重ねの結果ですから、まずはそれを受け入れて、未来への準備を始めていきましょう。

今のあなたの価値が将来のあなたの価値ではありません。今日からの選択と決断の積み重ねで、あなたの将来の価値は決まっていきます。

人生は今日から始まり、昨日の自分がライバルだと思うといいでしょう。人と比べても何にもなりません。昨日の自分より成長しているかどうか、理想の自分に近づいているかどうか、地道にコツコツやることが一番の成功の近道です。

この本を読んだあなたには、絶対に諦めずこの11個の戦略をぜひ身に付けてほしいのです。僕は人の可能性は無限大だと思っています。自分を信じ、未来にワクワクしながら、日々努力を重ねて成長していってほしいのです。

そのために、この本が少しでもお役に立つことができるなら、こんなにうれしいことはありません。

2024年5月　公認会計士　金川顕教

金川顕教

かながわ・あきのり

公認会計士、税理士、「YouTube図書館」主宰、作家。
三重県生まれ、立命館大学卒業。大学在学中に公認会計士試験に合格し、世界一の規模を誇る会計事務所デロイト・トウシュ・トーマツグループである有限責任監査法人トーマツ勤務を経て独立。トーマツでは、不動産、保険、自動車、農業、飲食、コンサルティング業など、様々な業種・業態の会計監査、内部統制監査を担当。数多くの成功者から学んだ事実と経験を活かして経営コンサルタントとして独立し、不動産、保険代理店、出版社、広告代理店など様々なビジネスのプロデュースに携わり、300社を起業、300人の「稼ぐ経営者」を育て上げる。現在、3社のオーナー業の傍ら、起業家育成プロデュース、出版プロデュース、執筆活動を営み、「読書で解決しない悩みは一切ない」をミッションとして、1人でも多くの人に読書の大切さを伝えるために「YouTube図書館」の運営を開始。YouTube図書館では、毎日2本、毎月60本、年間730本の書籍解説動画をアップし、これまで解説した書籍は1957冊以上、チャンネル登録者は16.5万人、動画再生数は3961万回を突破。執筆活動では、ビジネス書、自己啓発書、小説など多岐にわたるジャンルでベストセラーを連発し、累計部数60万部以上。執筆した本は、中国、韓国、台湾、タイ、ベトナムなど、世界中で翻訳出版されている。

編集協力　長谷川 華、下関崇子
デザイン　本橋雅文（orangebird）

ポプラ新書
258

公認会計士が教える「資産づくり」を勝ち抜くための11の戦略

2024年5月7日 第1刷発行

著者
金川顕教

発行者
加藤裕樹

編集
碇 耕一

発行所
株式会社 ポプラ社
〒141-8210 東京都品川区西五反田3-5-8 JR目黒MARCビル12階
一般書ホームページ www.webasta.jp

ブックデザイン
鈴木成一デザイン室

印刷・製本
図書印刷株式会社

N.D.C.336/262P/18cm ISBN978-4-591-18179-9

P8201258

生きるとは共に未来を語ること　共に希望を語ること

昭和二十二年、ポプラ社は、戦後の荒廃した東京の焼け跡を目のあたりにし、次の世代の日本を創るべき子どもたちが、ポプラ（白楊）の樹のように、まっすぐにすくすくと成長することを願って、児童図書専門出版社として創業いたしました。

創業以来、すでに六十六年の歳月が経ち、何人たりとも予測できない不透明な世界が出現してしまいました。

この未曾有の混迷と閉塞感におおいつくされた日本の現状を鑑みるにつけ、私どもは出版人としていかなる国家像、いかなる日本人像、そしてグローバル化しボーダレス化した世界的状況の裡で、いかなる人類像を創造しなければならないかという、大命題に応えるべく、強靭な志をもち、共に未来を語り共に希望を語りあえる状況を創ることこそ、私どもに課せられた最大の使命だと考えます。

ポプラ社は創業の原点にもどり、人々がすこやかにすくすくと、生きる喜びを感じられる世界を実現させることに希いと祈りをこめて、ここにポプラ新書を創刊するものです。

未来への挑戦！

平成二十五年　九月吉日　　株式会社ポプラ社